U0656699

MENDIAN
YUNYING
GUANLI

门店运营管理

杨莉娟 梁彩花 主 编

梁瑞仙 刘文娟 杨文茹 副主编

东北财经大学出版社
Dongbei University of Finance & Economics Press

国家一级出版社
全国百佳图书出版单位

首批56所中国特色高水平高职学校项目课程建设成果

职业教育教学改革融合创新型教材·市场营销

MENDIAN
YUNYING
GUANLI

门店运营管理

杨莉娟 梁彩花 主　编

梁瑞仙 刘文娟 杨文茹 副主编

东北财经大学出版社
Dongbei University of Finance & Economics Press　　大连

图书在版编目（CIP）数据

门店运营管理 / 杨莉娟，梁彩花主编. —大连：东北财经大学出版社，2023.8

（职业教育教学改革融合创新型教材·市场营销）

ISBN 978-7-5654-4696-2

Ⅰ. 门… Ⅱ. ①杨… ②梁… Ⅲ. 商店-运营管理-高等职业教育-教材 Ⅳ. F717

中国版本图书馆CIP数据核字（2022）第217689号

东北财经大学出版社出版

（大连市黑石礁尖山街217号　邮政编码　116025）

网　　址：http：//www.dufep.cn

读者信箱：dufep@dufe.edu.cn

大连图腾彩色印刷有限公司印刷　　东北财经大学出版社发行

幅面尺寸：185mm×260mm　　　　字数：297千字　　　　印张：14

2023年8月第1版　　　　　　　　　2023年8月第1次印刷

责任编辑：张旭凤　张晓鹏　　　　　　　　责任校对：何　群

封面设计：原　皓　　　　　　　　　　　　版式设计：原　皓

定价：45.00元

富媒体智能型教材出版说明

"财经高等职业教育富媒体智能型教材开发系统工程"入选国家新闻出版广电总局新闻出版改革发展项目库,并获得文化产业专项资金支持,是"国家文化产业资金支持媒体融合重大项目"。项目以"融通""融合""共建""共享"为特色,是东北财经大学出版社积极落实国家推动传统媒体与新媒体融合发展的重要举措之一。

"财济书院"智能教学互动平台是该工程项目建设成果之一。该平台通过系统、合理的架构设计,将教学资源与教学应用集成于一体,具有教学内容多元呈现、课堂教学实时交互、测试考评个性设置、用户学情高效分析等核心功能,是高校开展信息化教学的有力支撑和应用保障。

富媒体智能型教材是该工程项目建设成果之二。该类教材是我社供给侧结构性改革探索性策划的创新型产品,是一种新形态立体化教材。富媒体智能型教材秉持严谨的教学设计思想和先进的教材设计理念,为财经职业教育教与学、课程与教材的融通奠定了基础,较好地避免了传统教学模式和单一纸质教材容易出现的"两张皮"现象,有助于教学质量的提高和教学效果的提升。

从教材资源的呈现形式来说,富媒体智能型教材实现了传统纸质教材与数字技术的融合,通过二维码建立链接,将VR、微课、视频、动画、音频、图文和试题库等富媒体资源丰富呈现给用户;从教材内容的选取整合来说,其实现了职业教育与产业发展的融合,不仅注重专业教学内容与职业能力培养的有效对接,而且很好地解决了部分专业课程学与训、训与评的难题;从教材的教学使用过程来说,其实现了线下自主与线上互动的融合,学生可以在有网络支持的任何地方自主完成预习、巩固、复习等,教师可以在教学中灵活使用随堂点名、作业布置及批改、自测及组卷考试、成绩统计分析等平台辅助教学工具。

富媒体智能型教材设计新颖,一书一码,使用便捷。使用富媒体智能型教材的师生首先下载"财济书院"App或者进入"财济书院"(www.idufep.com)平台完成注册,然后登录"财济书院"输入教材封四学习卡中的激活码建立或找到班级和课程对应教材,就可以开启个性化教与学之旅。

"重塑教学空间,回归教学本源!""财济书院"平台不仅仅是出版社提供教学资源和服务的平台,更是出版社为作者和广大院校创设的一个自主选择和自主探究的教与学的空间,作者和广大院校师生既是这个空间的使用者和消费者,也是这个空间的创造者和建设者,在这里,出版社、作者、院校共建资源,共享回报,共创未来。

最后,感谢各位作者为支持项目建设所付出的辛劳和智慧,也欢迎广大院校在教学中积极使用富媒体智能型教材和"财济书院"平台,东北财经大学出版社愿意也必将陪伴广大职业教育工作者走向更加光明而美好的职教发展新阶段。

东北财经大学出版社

■ 前言

大数据、人工智能等前沿技术扑面而来，连锁企业门店运营管理的内容、手段、形式、理念也被重新审视并拓展到新的维度。新零售的理念对企业的数据驾驭能力提出了新的挑战，也为企业人员提升并全方位获得洞察能力提供了前所未有的空间。基于此，我们深感"门店运营管理"课程改革是必要的和迫切的。

《门店运营管理》活页式教材作为首批56所中国特色高水平高职学校项目课程建设成果之一，积极贯彻落实党的二十大精神，对接最新行业、职业标准和岗位规范，充分依托产业学院、实训基地企业的深厚企业资源和结构化教师创新团队，以门店工作任务为内容框架的基本坐标，注重挖掘专业课程中蕴含的人文情怀和商业核心素养，切实将社会主义核心价值观的崇高理念和精神追求等有机融入职业活动中，力求在潜移默化中引领和塑造学生的思想意识和行为举止。

在本书编写过程中，编写团队调研了零售和餐饮行业大量企业对门店运营与管理岗位的技能要求，形成了如下鲜明特色：

1. 以"1+X"证书为导向，以职业技能竞赛内容为基础，体现"岗课赛证"特色

本教材不仅积极贯彻落实国务院发布的《国家职业教育改革实施方案》关于"1+X"证书制度试点要求，加快学历证书和职业技能等级证书的互通衔接，还以零售新星大赛等职业技能竞赛内容为基础，充分结合门店运营与管理职业技能等级标准。

2. 以践行产教融合为导向，以行业实际工作流程为线索，体现"校企合作"特色

本教材由院校专业教师和企业实务人员合作编写，以门店的实际运营工作流程为蓝本，聚焦关键工作领域，将理论和实践技能有机融合，体现"上学如上班、上班如上课"的对接理念，促进从学习者到工作者的角色转换。

3. 以立德树人目标为导向，以商业核心素养培育为引擎，体现"德技双修"特色

本教材以立德树人建立教学根基，将专业知识和课程思政有机统一。教材内容对标企业岗位要求，设计了岗位核心技能与职业核心素养的知识体系，在每个工作情境中潜移默化地融入课程思政要素，激发学生的担当意识和爱国情怀，对树立正确的人生观和价值观起到了引领作用。

本教材由山西省财政税务专科学校杨莉娟和山西北方百果园网络科技有限公司宋杏平进行总体设计，山西省财政税务专科学校梁彩花负责后期的统稿、定稿工

作。具体分工是：山西省财政税务专科学校刘文娟负责工作情境 1 的编写，山西省财政税务专科学校梁彩花负责工作情境 2 的编写，山西省财政税务专科学校杨文茹负责工作情境 3 的编写，山西省财政税务专科学校梁瑞仙负责工作情境 4 的编写，山西省财政税务专科学校杨莉娟负责工作情境 5 的编写。山西省财政税务专科学校李越负责部分数字化资源的整理及录制。智慧新零售产业学院企业专家山西食盒记网络科技有限公司索国伟、山西迈盛悦合体育用品有限公司郭海平全程参与了课程设计与开发、教材框架研讨以及实操技能内容的确定。

在本教材编写过程中，我们参阅了国内外一些专家学者的研究成果及相关文献，并通过网络检索了部分文献，限于篇幅，未能一一注明，在此向原作者们深表感谢！

由于门店数字化涉及的内容具有较强的时效性，加之编写时间及编者水平有限，书中难免存在不足之处，恳请广大读者批评指正，以使本教材日臻完善。

编 者

2023 年 6 月

目录

本书配套数字化资源目录

情境名称	活动名称	重难点微课、动画	页码
工作情境 1 门店组织管理	工作活动1 组织结构搭建	（动画）1-1　搭建组织结构的意义	4
		（思政微课）1-2　发扬团队合作的商业精神，遵循搭建原则打造高效组织结构	4
		（微课）1-3　组织结构的建设逻辑（1）	6
		（微课）1-4　组织结构的建设逻辑（2）	6
	工作活动2 岗位设置管理	（思政微课）1-5　发扬敦本务实的商业精神，合理设置门店组织内各工作岗位	14
		（动画）1-6　门店店长的角色定位	14
		（微课）1-7　收银员的职业道德修养	15
		（微课）1-8　理货员的职业道德意识	16
	工作活动3 人员配置管理	（思政微课）1-9　发扬应变图存的商业精神，为业务持续发展配置合理的人员	21
		（微课）1-10　门店人员的管理	23
		（微课）1-11　门店人员绩效管理	24
工作情境 2 门店商品管理	工作活动1 商品采购管理	（思政微课）2-1　发扬诚信为本的商业精神，遵循采购原则助力店铺降本增效	34
		（音频）2-2　采购流程	34
		（动画）2-3　商品采购哲学故事	36
		（动画）2-4　进货作业概述	38
	工作活动2 商品陈列管理	（动画）2-5　理货员的职责	47
		（微课）2-6　商品陈列的重要意义	47
		（动画）2-7　陈列的作用	51
		（思政微课）2-8　发扬创新开拓的商业精神，让生动的陈列成为门店的宣传名片	51
		（视频）2-9　磁石点理论	51
		（微课）2-10　商品配置表的作用和功能	52
		（表格）2-11　企业商品配置表样例	52
		（微课）2-12　商品配置表的制作	52

情境名称	活动名称	重难点微课、动画	页码
工作情境4 门店安全管理	工作活动3 门店消防管理	（动画）4-12　门店消防人员的工作职责	158
		（思政微课）4-13　树立勤勉细微的商业精神，严格检查门店消防安全	165
		（动画）4-14　连锁超市变配电室管理制度	166
工作情境5 门店数据分析	工作活动1 销售数据追踪	（动画）5-1　到底是赚了还是赔了	178
		（微课）5-2　季节指数法案例讲解	179
		（微课）5-3　周权重指数案例讲解	180
		（微课）5-4　日权重指数案例讲解	180
		（思政微课）5-5　遵循客观求实的商业精神，严谨追踪销售数据	181
	工作活动2 会员数据分析	（动画）5-6　购物者在产品链中的重要性	188
		（动画）5-7　用户活跃度案例	188
		（动画）5-8　RFM模型	190
		（思政微课）5-9　遵循顾客至上的商业精神，充分满足顾客需求	192
	工作活动3 运营数据分析	（动画）5-10　商品现值分析	200
		（动画）5-11　商品的关联度	200
		（动画）5-12　降低缺货率的重要性	202
		（思政微课）5-13　遵循诚信经营的商业精神，合理获取门店利润	203
		（视频）5-14　门店数据分析综合实训案例	211

1

工作情境 1

门店组织管理

》》》》 情境目标

知识目标

1.掌握门店组织结构的基本搭建原则和主要类型；
2.掌握门店岗位设置的基础要求和基本岗位职能；
3.掌握门店人员的配置方法和日常管理核心环节。

技能目标

1.能够根据业务需求进行门店组织结构的搭建；
2.能够根据组织结构进行门店岗位的设置；
3.能够根据岗位设置进行人员配置的管理。

思政目标

　　通过门店组织结构搭建原则和类型的学习，在真实行业实践调研工作中，逐步培养积极发挥各自所长的自我认知及和谐互助、共同进步的团队意识；通过对门店各岗位的设置要求和职能的学习，深入真实门店，对门店中各实操岗位进行深度调研，在调研过程中着重培养合理选取职业范围和深耕专业、精益求精的职业态度；通过对门店人员配置和管理方法的学习，理性看待职业晋升，培养学生爱岗敬业、踏实奋斗的工作精神。

>>>> 情境导入

　　A品牌是某市新创立的水果连锁品牌，经过大量市场调研分析，准备在某市首批成立10家水果连锁门店，目前正在筹备新门店的组织搭建。作为该品牌人力资源部门的员工，你接下来要协助人力资源部门负责人为门店设计和搭建能够高效运营、协调配合的管理和执行团队，以确保门店人员分工合理、各司其职，尽可能实现后续门店整体运营效率的最大化。在搭建团队时，需要根据门店业务需求构建清晰的门店组织结构，划分不同部门的职能领域，确定门店中需要设置的工作岗位及其岗位职能，并进行有针对性的人员配置，让合适的人在合理的岗位上做正确的事，在此过程中，还需要协助领导做好门店人员的管理、培训、激励，持续激发团队能量。

>>>> 工作活动

工作活动1　搭建组织结构
工作活动2　岗位设置管理
工作活动3　人员配置管理

工作活动1
组织结构搭建

◉ 工作活动目标

1.掌握门店组织结构搭建的基本原则。

2.了解门店组织结构的基本类型。

◉ 职业工作情境

（动画）1-1

搭建组织
结构的意义

为了更好地协助人力资源部门负责人搭建门店组织结构，首先，应掌握搭建的基本原则，确保组织结构搭建的合理性，其次，应了解不同组织结构类型的适用情境，便于根据业务需求选取最适宜的组织结构。

◉ 职业知识储备

知识点1
门店组织结构的搭建原则

一、明确性

门店中的每一个部门、每一个个体，都应该明确地了解它或者他在整个门店组织中处于什么位置，包括由谁领导、与谁协作、服务于谁。组织结构的明确性并不等同于简单性，有些看起来很简单的组织结构却并没有清晰划分出各部门的归属，但有些看起来非常复杂的组织结构，却能够做到逐级分解，划分明确。

二、稳定性

组织结构以及人员的频繁变动会导致门店经营管理秩序的混乱，因此门店组织结构的设计必须考虑组织及其制度的稳定性，以确保门店的正常运转和持续发展。

三、激励性

（思政微课）
1-2

发扬团队
合作的商业
精神，遵循
搭建原则
打造高效
组织结构

在任何组织中，用于控制、监督、引导人们取得成绩的力量都应该保持在最低限度，科学合理的组织结构可以使员工在工作时有明确的努力方向，在工作出现迷茫时实现自我控制与自我激励。同时，好的组织结构不仅能明确个人的努力方向，也能够清晰地展示组织的发展方向，将个人与集体的方向进行有机融合，起到激励员工与组织协同共进、同步发展的作用。

知识点2
门店组织结构的基本类型

门店的组织结构是描述组织内分工的框架体系，可以展示出组织内分工的原理，以便管理者可以通过组织结构完成其领导与监督的管理职能。组织结构的类型多种多样，根据其划分方法不同，最常见的门店组织结构可分为以下四种：

一、职能型组织结构

职能型组织结构的本质，是按照工作职能将具有相同专业背景的人员归于同一部门。其优点是能够降低资源损耗，取得规模效益；同时其缺点则是各部门由于专业化程度较高，工作内容仅局限于本专业领域，对组织的整体目标、行动计划缺乏了解，开展工作时，容易出现从本部门利益出发、引发部门间矛盾、增加工作协调难度等问题。

职能型组织结构适用于门店内各业务类型或商品之间工作流程相似度高且各业务类型所需职能型工作相似度较高的门店。这样的门店，可将其业务工作归于一个部门，其他职能辅助工作各自分类，各成一个部门，其组织结构如图1-1-1所示。

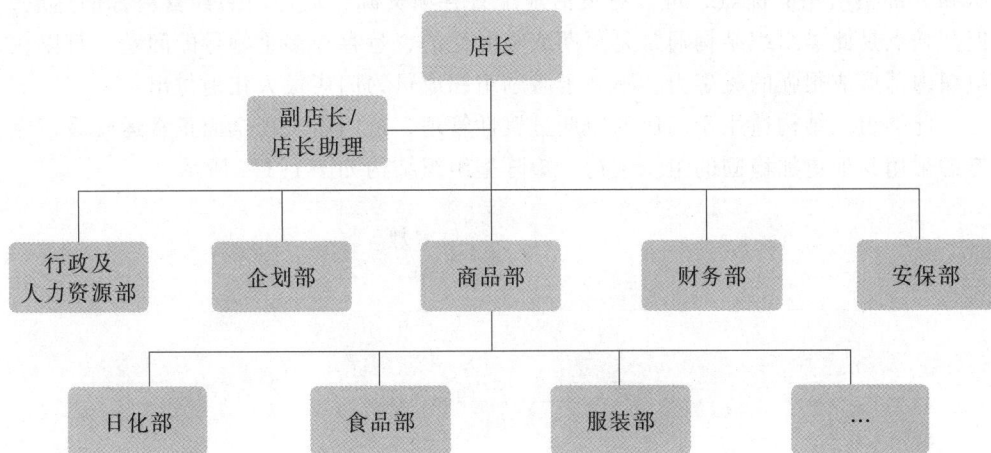

图 1-1-1 职能型组织结构

二、分部型组织结构

分部型组织结构是将各业务分支拆分后，赋予各分部负责人在运营方面较大的决策权利，每个分部都类似于一个职能型组织，而总部既对其提供相关方面的支持，又对其运营情况实行监控。这种组织结构类型的优点是有利于各分部跟随全局目标进行经营管理，从而提升各自效益，而且总部能够从大量的杂务中抽身出来，着力开发与研究信息系统基础平台的建设、发展战略、品牌宣传等全局性发展问题；但其缺点在于各分部均需设置职能部门，各职能部门的重复设置，会导致资源分散，无法形成规模经济，管理效率会有所减弱。

根据企业的业务形态和规模，分部型组织结构既可以按照产品划分为产品事业部制，也可以按照地区划分为区域分部制，适用于具备多个业务或产品线且单个业务或产品线有较大规模的门店，或者不同地域的业务具有较大规模的门店，其组织结构如图1-1-2所示。

三、矩阵型组织结构

矩阵型组织结构是对职能型组织与分部型组织的一种综合，即在职能型组织的

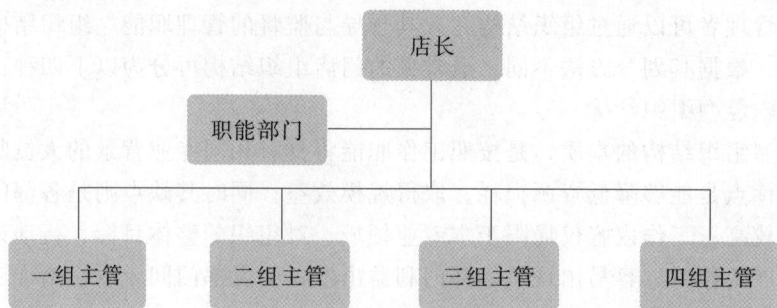

图 1-1-2 分部型组织结构

基础上，企业正在开展的各项目，可以由一位项目经理负责一家门店，从各职能部门抽调人员组成项目组来实现门店的日常运营管理。这种组织结构兼具了职能型组织和分部型组织的优点，可以更灵活地配置各项资源，促进门店经营目标的达成，但其缺点是此类组织结构通常是短期或临时性的，且存在多重领导的问题，难以在组织内部形成很强的凝聚力，不利于激励组织成员为门店最大化地付出。

此类组织结构适用于门店的短期过渡性管理，待门店实现全面正常运转后，应考虑采用其他更加稳固的组织结构。矩阵型组织结构如图 1-1-3 所示。

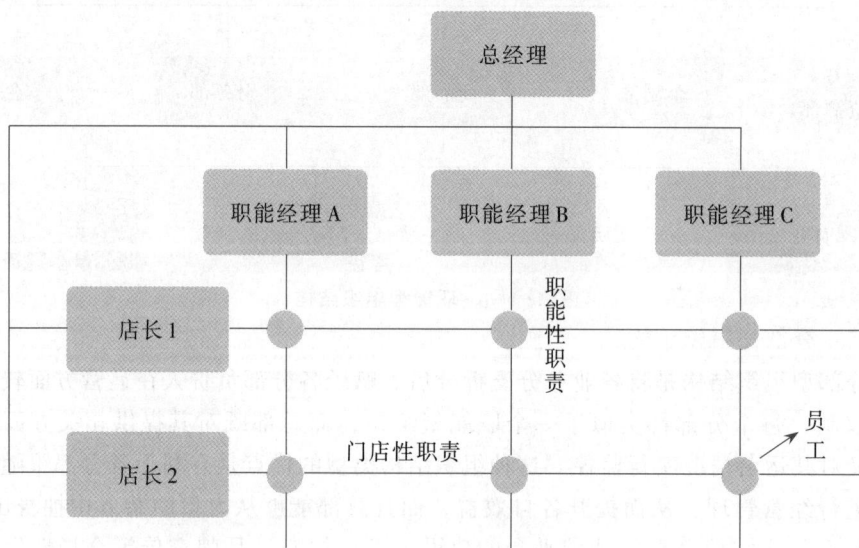

图 1-1-3 矩阵型组织结构

（微课）1-3

组织结构的
建设逻辑
（1）

（微课）1-4

组织结构的
建设逻辑
（2）

四、简单型组织结构

当单个门店规模较小、人员较少时，适宜采用简单型组织结构，此类结构复杂性低，往往决策权集中于店长一个人手中，其他人员根据不同的分工负责各自领域的工作，最终将工作汇报给最高决策者，其组织结构如图 1-1-4 所示。

采用这类组织结构的优点在于经营手段灵活，对市场的变化能够迅速反应，但其缺点是仅适用于规模较小的门店，如连锁门店的子门店，当单个门店规模扩大时，决策权过于集中将影响组织整体的发展，届时就应考虑将组织结构进行更新和升级。

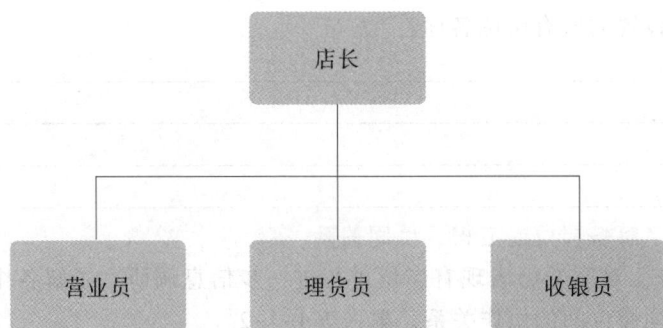

图 1-1-4　简单型组织结构

●●●●●●●●●●●●●●○ 职业技能操练

工作项目

学生分组选择一家本地连锁水果品牌进行组织结构相关调研与分析。

项目背景

各水果连锁销售品牌对各自门店都有相对不同的管理方式，但其组织结构搭建原则与岗位设置类型有较大的相似性，通过对其中一家连锁品牌进行调研，能够学习到一些通用的实操方法。调研所选的连锁品牌须在当地至少有 10 家线下门店，并且以销售水果品类为主。

工作目标

- 至少走访该品牌 3 家线下门店，调研门店设立的部门及岗位情况
- 根据调研情况绘制相关门店的组织结构图
- 对相关门店组织结构设置进行分析和评价

工作计划

请将所选门店的组织结构调研分析计划填入表 1-1-1。

表 1-1-1　　　　　　　　组织结构调研分析计划表

工作要点	计划描述
收集调研信息	
绘制组织结构	
分析岗位设置	

工作实施

步骤一：调研门店设置的岗位名称

［基础任务］至少走访所选品牌 3 家线下门店，通过与门店店长和店员沟通，

收集门店目前设置的所有岗位名称。

现有岗位：_____

_____

_____

_____

步骤二：了解各岗位的汇报、协同关系

［基础任务］对所选门店现有岗位进行进一步信息调研，了解各个岗位的上下级关系以及不同岗位间的协作关系，填入表1-1-2。

表1-1-2　　　　　　　　　组织结构内岗位关系及分工调研表

岗位名称	上级汇报岗位	下级管理岗位

步骤三：绘制门店组织结构图

［基础任务］根据各岗位之间的关系，绘制所选门店的组织结构图，如图1-1-5所示。

图1-1-5　线下门店组织结构图

步骤四：对门店组织结构进行分析和评价

[进阶任务] 对标所学的组织结构搭建原则及类型，分析和评价所调研门店的组织结构是否满足各项基本要求，判断其属于何种组织类型以及有何优缺点。

组织结构是否满足明确性：□是　□否

分析原因：_____

_____

_____

组织结构是否满足稳定性：□是　□否

分析原因：_____

_____

_____

组织结构是否满足激励性：□是　□否

分析原因：_____

_____

_____

所调研门店组织结构所属类型：

分析原因：_____

_____

_____

该类组织结构的优缺点：_____

_____

_____

◉ 工作项目评价

评价方式采用多元化评价，评价主体由学生、小组、教师和企业构成，评价标准、分值及权重如下所示：

1.学生对自我在工作活动中的职业核心能力进行自评，将自评结果填入职业核心能力自测表，见表1-1-3。

表1-1-3　　　　　　　　职业核心能力自测表

（在□中打√，A通过，B基本通过，C未通过）

职业核心能力	评 估 标 准	自测结果
自我学习	1.能进行时间管理	□A □B □C
	2.能选择适合自己的学习和工作方式	□A □B □C
	3.能随时修订计划并进行意外情况的处理	□A □B □C
	4.能将已经学到的东西用于新的工作任务	□A □B □C
信息处理	1.能根据不同需求去搜寻、获取并选择信息	□A □B □C
	2.能筛选信息并进行信息分类	□A □B □C
	3.能使用多媒体等手段来展示信息	□A □B □C

职业核心能力	评 估 标 准	自测结果
数字应用	1.能从不同信息源获取相关信息	□A □B □C
	2.能依据所给的数据信息作简单计算	□A □B □C
	3.能用适当方法展示数据信息和计算结果	□A □B □C
与人交流	1.能把握交流的主题、时机和方式	□A □B □C
	2.能理解对方谈话的内容，准确表达自己的观点	□A □B □C
	3.能获取信息并反馈信息	□A □B □C
与人合作	1.能挖掘合作资源，明确自己在合作中能够起到的作用	□A □B □C
	2.能同合作者进行有效沟通，理解个性差异及文化差异	□A □B □C
解决问题	1.能说明何时出现问题并指出其主要特征	□A □B □C
	2.能作出解决问题的计划并组织实施计划	□A □B □C
	3.能对解决问题的方法适时作出总结和修改	□A □B □C
革新创新	1.能发现事物的不足并提出新的需求	□A □B □C
	2.能创新性地提出改进事物的意见和具体方法	□A □B □C
	3.能从多种方案中选择最佳方案并在现有条件下实施	□A □B □C
学生自我打分		

2.学生以小组为单位，对本工作项目的实施过程与结果进行自评，将自评结果填入小组自评表，见表1-1-4。

表1-1-4 小组自评表

评价内容	评价标准	分值（分）	评分（分）
团队建设	团队合作紧密、互帮互助	10	
	工作态度端正、作风严谨	15	
	遵守法律法规和工作准则	10	
工作情况	计划制订周密、组织有序	15	
	按计划、高效率完成工作	20	
	工作成果完整且质量达标	30	
合　计		100	

3.教师就专业操作能力对小组工作过程与结果进行评价，将评价结果填入专业能力测评表，见表1-1-5。

表1-1-5　　　　　　　　　　　专业能力测评表

（在□中打√，A掌握，B基本掌握，C未掌握）

业务能力	评价指标	测评结果	备注
调研门店组织结构信息	1.调研信息的完整性	□A □B □C	
	2.调研信息的准确性	□A □B □C	
绘制门店组织结构图	1.组织结构图绘制的准确性	□A □B □C	
	2.组织结构图绘制的美观度	□A □B □C	
分析门店组织结构优缺点	1.根据搭建原则评价的完整性	□A □B □C	
	2.根据搭建原则评价的合理性	□A □B □C	
	3.组织结构类型判断的准确性	□A □B □C	
	4.组织结构优缺点分析的合理性	□A □B □C	
其他		□A □B □C	
教师评语：			
教师打分		教师签字	

4.企业对小组工作过程与结果进行评价，将结果填入企业评价表，见表1-1-6。

表1-1-6　　　　　　　　　　企业评价表

关键考核指标	分值（分）	得分（分）
能完整调研门店组织结构信息	30	
能准确绘制门店组织结构图	30	
能合理分析门店组织结构优缺点	40	
合计	100	

5.根据上述结果填写综合评价表，见表1-1-7。

表1-1-7　　　　　　　　　　综合评价表

自我评价（10%）	小组自评（10%）	教师评价（50%）	企业评价（30%）	综合评价

工作活动 2
岗位设置管理

---------------●○ 工作活动目标

1.掌握门店岗位设置的基本原则。

2.掌握门店基础岗位类型及其主要工作职责。

---------------●○ 职业工作情境

完成门店的组织结构搭建后，就需要根据组织结构的划分，进行门店岗位的设置。门店根据其业务类型不同，工作流程和内容也有所不同，对应所需岗位也会各不相同，但不论何种门店，其经营本质均是通过为客户提供特定的产品或服务进行盈利，因此岗位设置有共通的基本原则，且存在一部分通用的基础岗位。

---------------●○ 职业知识储备

知识点 1
门店岗位设置的原则

门店中的每一个部门、每一个个体，都应该明确地了解它或者他在整个门店组织结构中的角色和所承担的职责，岗位设置时也必须满足以下原则，确保人尽其职，实现企业资源最大化利用。

一、因事设岗原则

这是门店岗位设置的根本原则，也可以称为目标导向原则。决定门店岗位设置的是门店的目标和任务，而不是具体的个人。一个门店该设置什么岗位，该设置多少岗位，首先应当基于计划期内的业务发展需要而确定，而非根据门店现有人员数量和结构来确定。

组织为创造价值需要发挥相应的功能，不同竞争力的门店需要培育不同的组织能力，并将组织功能层层分解，落实到部门和岗位。岗位是任务的集合，设置岗位时需基于具体的工作任务。当新增岗位时，首先要考虑的问题是是否增加了新的工作任务，这些新增的任务是不是门店所必须完成的。

因事设岗的反面是因人设岗。因人设岗会带来很多隐患：第一，破坏了工作本身的逻辑。工作成效的实现，需要遵循工作本身的运行规则，因人设岗会造成工作的断裂，容易将不相干的工作拼凑在一起，进而造成工作成效的下降。第二，会破坏团队内部的氛围。因人设岗多数会对工作"挑肥拣瘦"，将高价值、易出成果、轻松的工作任务安排在某些特定岗位，导致团队内部成员心理失衡。但因人设岗不同于"先人后事原则",先人后事多面向高阶、创造性岗位,将合适的人先请上车,让其规划未来的工作,而不是规划好工作后,再去寻找合适的人选。

二、最少数量原则

岗位数量的确定应当建立在战略分解和工作分析之上,应根据负荷分析并确定门店有效运作必须具备的最少岗位数量。能用一个岗位完成的任务决不应设置多个岗位分担。首先,当一个门店的工作任务数量已定时,岗位数量越多,每个岗位承载的工作任务就越少。在每个岗位所需要承担的工作既定的前提下,岗位数量越多,单个岗位所覆盖的工作领域就会越狭窄,员工会很快获得岗位所需技能,学习曲线极短,这样也就难以激发其积极性,也难以培养出综合性人才。其次,在单个岗位职责范围变狭窄的情况下,面对整体性任务时,需要多个岗位进行多频次的横向沟通,这势必会提高沟通和协调成本。相反,岗位设置也不宜过少,如果岗位设置不足,则门店存在先天缺陷,很难实现战略目标。例如,一家门店如果经营范围较广,店内 SKU 数量众多,则营业员和理货员就都是必需的岗位,而不是只要有营业员就可以,因为若缺少专职理货员,很容易出现货品摆放混乱、补充不及时等现象,直接影响门店销售。

既然最少数量原则是有效的,那少到什么程度是合适的呢?这主要取决于工作任务的重要度、挑战度和数量。重要度越高、挑战度越大,则任务数量就要少。岗位的承载边界有一个重要的衡量标准,就是这三项相加,所得结果是不是远远超出在岗人员的能力范围,如果该岗位人员"屡屡阵亡",就需要对岗位进行拆分。

三、最低职务原则

岗位设置时,应当考虑门店功能有效运转所必需的最低岗位职务,凡是能够用低职务岗位员工完成的任务,就不要设置高阶岗位,超过必需级别的高配,可能导致资源、成本的浪费,而低于必需级别的将就,则影响岗位业绩目标的达成。最少数量原则和最低职务原则并用,可以减少门店管理层级,为低职务岗位员工提供足够的上升空间,加强团队的稳定性。

例如,某门店销售的是有独家特色且深受消费者喜爱的商品,则其销售部门只需要设置最基本的销售员就足够了;反之,如果是一个普通门店,其售卖的大量商品缺乏特别的卖点和品牌影响力,就需要靠更强大的销售团队来推广,销售部门除了设置销售员,还需要设置销售主管,对销售团队进行有效的管理。

四、风险制衡原则

根据风险与内控要求,门店应实施必要的岗位分设或增加控制点岗位,相互制衡的工作不能放在同一岗位。也就是说,裁判员和运动员不能是同一人,否则会出现监守自盗的现象。在内部控制制度中,门店应明确提出将不相容职务进行分离控制。所谓不相容职务是指那些如果由一个人担任,既可能发生错误和舞弊行为,又可能掩盖错误和舞弊行为的职务。不相容职务分离的核心是内部牵制,它要求每一项经济业务都要经过两个或两个以上的部门或人员处理,从而使得个人或部门的工作必须与其他人或其他部门的工作保持一致或相互关联,并受到监督和制约。

不相容职务主要分为五种:授权批准职务、业务经办职务、会计记录职务、财产保管职务和稽核检查职务。风险制衡原则还能够规避一言堂，尽可能避免决策错误的情况发生。这是一个将决策权分散的过程，由一个人独自决策，变成由多人分阶段决策或多人集中统一决策。

五、协调配合原则

（思政微课）
1-5

发扬敦本务实的商业精神，合理设置门店组织内各工作岗位

门店任何目标的达成都不是单一岗位所能实现的，必须多岗位协同。门店岗位设置也是一项系统工程，纵向支持、横向配合必不可少，主持岗位、支持岗位相互依存，必须全面考虑，不能顾此失彼，也不能交叉重叠。

任何岗位都是门店组织结构链上的一环，不能孤立存在。现代门店是分工协作的产物，团队力量大于个人之和就是分工协作的结果。岗位配置得当，就能博采众长；岗位配置失衡，就会出现瓶颈或短板。协调配合原则也可称为最优组合原则，让1+1大于2，发挥门店整体的最大效能。

知识点2
门店基础岗位及其工作职责

（动画）1-6

门店店长的角色定位

一、门店店长

在连锁门店中，店长是总部政策的执行者，按照总部的要求对门店的运作进行统筹安排和管理；在非连锁门店中，店长则是门店整体运营策略的制定者和推进者，对门店的整体运行负责。

其主要职责如下：

（1）负责门店的经营管理，完成上级下达的各项经营指标；

（2）制订门店的经营计划，督促员工贯彻执行经营计划；

（3）监督门店的商品进货验收、仓库管理、商品陈列、商品质量管理、商品防损等有关作业；

（4）监督和审核门店的会计、收银工作；

（5）监督与管理门店员工考勤、服务规范执行情况，组织员工进行培训，提出员工考核、晋升、降级和调动的建议；

（6）组织门店的促销活动；

（7）处理日常经营中出现的意外事件，解决员工之间的冲突；

（8）参加社区公益活动，成为门店的代言人；

（9）处理顾客投诉与意见。

二、门店副店长

副店长负责协助店长做好整个门店的全面管理工作，分管业务部门经营运作的指挥和领导工作。

其主要职责如下：

（1）协助店长安排门店的经营管理；

（2）协助店长制订经营计划，必要时作为一个工作班组的负责人对本班组人员工作进行统筹安排并协调；

（3）协助店长安排商品进货业务；

（4）协助店长对人员进行考核，提出升级或调动的建议；

（5）协助店长解决员工之间的冲突，协助店长进行商品防损或服务监督等工作；

（6）在店长不在时代理行使店长职责。

三、部门主管

部门主管是门店各业务部门和职能部门的主要负责人，负责本部门的作业管理。

其主要职责如下：

（1）协助采购组长推行各项销售或促销计划；

（2）对本部门人员工作进行督导实施和成果核查；

（3）负责协助解决矛盾和冲突；

（4）协助各组长安排商品陈列，检验广告促销效果；

（5）核签组长所填的订货单及公司规定的其他表格，检查本部门负责商品的销售情况，判断是否要更换陈列位置或者采取其他应变措施；

（6）督导组长做好负责范围内的商品安全、卫生管理与设备维护等工作；

（7）督导组长做好售货服务及顾客抱怨处理工作；

（8）督导组长完成开门前的准备工作及关门后的巡视工作；

（9）管理员工出勤，负责请假、休假、加班以及排班作业；

（10）负责新员工的教导和培训工作。

四、门店收银员

收银员的主要职责如下：

（微课）1-7

收银员的职业道德修养

（1）遵守公司的各项收银规章制度，服从领导的工作安排；

（2）规范、熟练地操作，确保收银工作正常进行；

（3）保管好收银台的配套物品和单据，严禁丢失；

（4）熟记特价品、变更售价商品、促销活动商品以及重要商品所在位置；

（5）优质服务、文明接待每位顾客，对于货款仔细清点，做到唱收唱付；

（6）不擅离岗位或做与工作无关的事；

（7）不带私款上岗，不贪污公款；

（8）做好交接班手续，如数上交销售款。

五、门店营业员

营业员的主要职责如下：

（1）热情回答顾客提出的问题，为顾客选购商品提供建议；

（2）为顾客提供必要的其他服务；

（3）协助理货员进行商品陈列、商品盘点和价格标签的粘贴及更换；

（4）作为后备收银人员随时加入收银工作；

（5）协助主管处理顾客的不满。

六、门店理货员

理货员的主要职责如下：

（1）保持收货区、周转仓、库房环境整洁，将叉车、隔板等停放整齐；

（2）商品收货时应依照订货单内容逐一清点，并抽查商品与订货单是否一致；

（3）商品验收时发现有拆箱或有其他异状时，应全部清查，生鲜品需要逐项检视；

（4）商品验收时，凡不符合公司收货验收规定的，必须予以退回；

（5）验收完毕，必须将商品堆放在指定区域，不可与其他进货商品混淆。

七、门店运营员

零售门店作为最接近大众的场所，无论是通过小程序提升购物效率、通过企业微信加强与导购的连接，还是通过视频号发布更多品牌动态，消费者都对这些情况有着强烈的感知。数字化工具既可以帮助门店实现升级和转型，也可以使消费者有更好的购物体验。因此，在现代门店管理过程中，门店应配备相应的数字化运营人员，其岗位职责因所在行业、门店规模而有差异，最常见的工作要求是熟练使用公众号、小程序、视频号、微信、企业微信和支付宝、直播平台等数字化工具，能够开展门店客户服务、门店数据采集分析及渠道促销等工作，完成日常的门店数字化运营与管理。

⬤ 职业技能操练

┃ 工作项目

学生针对上一工作活动操练中所选的本地连锁水果品牌，分组对其门店所设置的岗位及其工作职责进行调研分析。

┃ 项目背景

经过上一工作活动职业技能操练中的实地调研分析，目前各小组已经绘制出所调研门店的组织结构图。根据组织结构图中对岗位的划分，可以看到门店设置有不同的工作岗位，各岗位又有各自不同的工作职责。通过调研并分析该真实门店的岗位设置及其职能划分，将对门店常见岗位的职能理解与行业实践进行关联，加强理实一体化。

┃ 工作目标

● 至少走访该品牌的三家线下门店，调研门店设立的岗位名称及其具体工作职责

● 对所调研门店岗位设置进行分析和评价

┃ 工作计划

请将相关门店岗位调研分析计划填入表1-2-1。

表 1-2-1 岗位调研分析计划表

工作要点	计划描述
收集岗位信息	
分析岗位设置	

| 工作实施

步骤一：调研门店各岗位工作职责

［基础任务］至少走访所选水果品牌旗下三家线下门店，针对在上一工作活动中收集的门店岗位名称，通过与门店店长和店员沟通，了解各岗位具体工作职责并填入表 1-2-2。

表 1-2-2 组织结构内岗位名称及工作职责调研表

序号	岗位名称	具体岗位职责

步骤二：对门店岗位设置进行分析和评价

［进阶任务］对标所学的岗位设置原则，分析并评价所调研门店的岗位设置是否已满足各项要求，有何优点与不足。

门店设置是否满足因事设岗原则：□是　　　□否

分析原因：_____

_____

门店设置是否满足最少数量原则：□是　　　□否

分析原因：_____

_____

门店设置是否满足最低职务原则：□是　　　□否

分析原因：＿＿＿＿＿＿＿＿＿＿＿＿＿＿＿＿＿＿＿＿＿＿＿＿＿

＿＿＿＿＿＿＿＿＿＿＿＿＿＿＿＿＿＿＿＿＿＿＿＿＿＿＿＿＿＿＿＿

门店设置是否满足风险制衡原则：□是　　　□否

分析原因：＿＿＿＿＿＿＿＿＿＿＿＿＿＿＿＿＿＿＿＿＿＿＿＿＿

＿＿＿＿＿＿＿＿＿＿＿＿＿＿＿＿＿＿＿＿＿＿＿＿＿＿＿＿＿＿＿＿

门店设置是否满足协调配合原则：□是　　　□否

分析原因：＿＿＿＿＿＿＿＿＿＿＿＿＿＿＿＿＿＿＿＿＿＿＿＿＿

＿＿＿＿＿＿＿＿＿＿＿＿＿＿＿＿＿＿＿＿＿＿＿＿＿＿＿＿＿＿＿＿

所调研门店岗位设置的优点：＿＿＿＿＿＿＿＿＿＿＿＿＿＿＿＿＿

＿＿＿＿＿＿＿＿＿＿＿＿＿＿＿＿＿＿＿＿＿＿＿＿＿＿＿＿＿＿＿＿

＿＿＿＿＿＿＿＿＿＿＿＿＿＿＿＿＿＿＿＿＿＿＿＿＿＿＿＿＿＿＿＿

所调研门店岗位设置的不足：＿＿＿＿＿＿＿＿＿＿＿＿＿＿＿＿＿

＿＿＿＿＿＿＿＿＿＿＿＿＿＿＿＿＿＿＿＿＿＿＿＿＿＿＿＿＿＿＿＿

＿＿＿＿＿＿＿＿＿＿＿＿＿＿＿＿＿＿＿＿＿＿＿＿＿＿＿＿＿＿＿＿

如有不足，你建议如何改进：＿＿＿＿＿＿＿＿＿＿＿＿＿＿＿＿＿

＿＿＿＿＿＿＿＿＿＿＿＿＿＿＿＿＿＿＿＿＿＿＿＿＿＿＿＿＿＿＿＿

＿＿＿＿＿＿＿＿＿＿＿＿＿＿＿＿＿＿＿＿＿＿＿＿＿＿＿＿＿＿＿＿

◉ 工作项目评价

评价方式采用多元化评价，评价主体由学生、小组、教师和企业构成，评价标准、分值及权重如下所示：

1.学生对自我在工作活动中的职业核心能力进行自评，将自评结果填入职业核心能力自测表，见表1-2-3。

表1-2-3　　　　　　　　　　职业核心能力自测表

（在□中打√，A通过，B基本通过，C未通过）

职业核心能力	评 估 标 准	自测结果
自我学习	1.能进行时间管理	□A □B □C
	2.能选择适合自己的学习和工作方式	□A □B □C
	3.能随时修订计划并进行意外事件的处理	□A □B □C
	4.能将已经学到的东西用于新的工作任务	□A □B □C
信息处理	1.能根据不同需求去搜寻、获取并选择信息	□A □B □C
	2.能筛选信息并进行信息分类	□A □B □C
	3.能使用多媒体等手段来展示信息	□A □B □C
数字应用	1.能从不同信息源获取相关信息	□A □B □C
	2.能依据所给的数据信息作简单计算	□A □B □C
	3.能用适当方法展示数据信息和计算结果	□A □B □C

职业核心能力	评估标准	自测结果
与人交流	1.能把握交流的主题、时机和方式	□A □B □C
	2.能理解对方谈话的内容，准确表达自己的观点	□A □B □C
	3.能获取信息并反馈信息	□A □B □C
与人合作	1.能挖掘合作资源，明确自己在合作中能够起到的作用	□A □B □C
	2.能同合作者进行有效沟通，理解个性差异及文化差异	□A □B □C
解决问题	1.能说明何时出现问题并指出其主要特征	□A □B □C
	2.能作出解决问题的计划并组织实施计划	□A □B □C
	3.能对解决问题的方法适时作出总结和修改	□A □B □C
革新创新	1.能发现事物的不足并提出新的需求	□A □B □C
	2.能创新性地提出改进事物的意见和具体方法	□A □B □C
	3.能从多种方案中选择最佳方案并在现有条件下实施	□A □B □C
学生自我打分		

2.学生以小组为单位，对本工作项目的实施过程与结果进行自评，将自评结果填入小组自评表，见表1-2-4。

表1-2-4　　　　　　　　小组自评表

评价内容	评价标准	分值（分）	评分（分）
团队建设	团队合作紧密、互帮互助	10	
	工作态度端正、作风严谨	15	
	遵守法律法规和工作准则	10	
工作情况	计划制订周密、组织有序	15	
	按计划、高效率完成工作	20	
	工作成果完整且质量达标	30	
合　计		100	

3.教师就专业操作能力对小组工作过程与结果进行评价，将评价结果填入专业能力测评表，见表1-2-5。

表1-2-5　　　　　　　　专业能力测评表

（在□中打√，A掌握，B基本掌握，C未掌握）

业务能力	评价指标	测评结果	备注
调研门店岗位相关信息	1.岗位信息调研的完整性	□A □B □C	
	2.岗位信息调研的准确性	□A □B □C	
分析门店岗位设置的优缺点	1.根据岗位设置原则分析的完整性	□A □B □C	
	2.根据岗位设置原则分析的合理性	□A □B □C	
	3.岗位设置优缺点分析的合理性	□A □B □C	
其他		□A □B □C	
教师评语：			
教师打分		教师签字	

4.企业对小组工作过程与结果进行评价，将结果填入企业评价表，见表1-2-6。

表 1-2-6　　　　　　　　　　　　企业评价表

关键考核指标	分值（分）	得分（分）
能完整调研门店岗位相关信息	40	
能合理分析门店岗位设置的优缺点	60	
合计	100	

5.根据上述结果填写综合评价表，见表1-2-7。

表 1-2-7　　　　　　　　　　　　综合评价表

自我评价（10%）	小组自评（10%）	教师评价（50%）	企业评价（30%）	综合评价

工作活动3
人员配置管理

○ 工作活动目标

1.掌握门店人员配置的方法。
2.掌握门店人员日常管理的核心环节。

○ 职业工作情境

　　作为门店的筹建人员，完成门店的岗位设置之后，就需要根据岗位职责对应的能力需求进行人员的配置，人员配置时既要遵循数量方面的适度原则，也要考虑职能方面的匹配原则。人员配置完成后则需要通过完善的管理体系，对人员的日常工作、绩效考核、职位晋升等进行引导和规范，以保证门店人员在"选、用、育、留"各个环节均能以最低的资源消耗实现最高的业绩产出。

○ 职业知识储备

知识点1
门店人员配置的方法

一、可量化人员配置法
可量化人员配置法是指通过营业额、来客数、平均客单价、店数、营业面积等量化数据，以数学方程式的方式表示的人员配置方法，常用公式如下：

（一）以目标人均营业额或目标人均服务顾客数为衡量标准

人员配置数=目标营业额÷目标人均营业额

人员配置数=目标服务客户数÷目标人均服务客户数

适用于与营业额、来客数有关联的人员配置，如门店的营业员，其目标人均营业额或目标人均服务客户数须事先以工作分析法或经验法订出可衡量的指标。

（二）以可用薪水费用额度为衡量标准

此方法从成本费用及预算控制考虑，在可用的薪水额度内进行人力配置。但在实际门店经营中，即使营业额未达标准，也必须有最基本的人员配置，此方法更多适用于非必需人员的配置，如为了增加业绩额外配置的推广人员。

人员配置数=（目标营业额×目标人事费用率）÷人均薪水标准额

（三）以门店数作为衡量标准

人员配置数=目标总门店数÷人均可服务门店数

适用于门店管理人员、设备维修人员、商品盘点人员、物流配送人员等以门店数作为工作量衡量因素的人员配置。

（四）以卖场面积作为衡量标准

人员配置数=卖场面积÷人均可服务面积

例如，某超市卖场面积为1 000平方米，人均可服务面积为20平方米，则人员数量为50人。总人数确定后，还需根据季节、日期、高峰时间等因素来决定每一班次的人数。

二、非量化人员配置法

非量化人员配置法适用于无法直接以营业额、门店数等量化标准衡量的人力配置，如企划人员，只能以其职位说明书的工作内容进行工时分析，或是参考相关同行的标准。此方法具有主观性，容易受组织功能需求、作业流程资讯化程度等因素的影响，是最不易控制的人员配置方式。

三、弹性配置法

弹性配置法是用可量化人员配置法来规划保持门店正常经营的基本人数，再根据经营的需要，通过雇用临时工的方式满足门店经营的弹性需求，即人力的总体规划是具有弹性的。例如，门店在节假日或每天的高峰时段客流量会显著提高，对服务人员的需求量也随之增多，而需要增加的人数又会因节假日或时段不同而不同，这部分人力的需求就可以通过按需要聘用临时工来解决，把这部分人员列为弹性人力部分，如每日高峰期的2小时的临时工、节假日的8小时的临时工。

（思政微课）
1-9

发扬应变图存的商业精神，为业务持续发展配置合理的人员

知识点2
门店人员日常管理

一、制定工作手册

门店应通过作业研究和比较，发掘最有效的作业方法，以此作为标准，制定具体的岗位工作手册。工作手册的制定实际上是将门店经营的经验、技巧上升为明确

的理论和原则。任何一个门店所制定的工作手册都应全面包括每一个岗位、每一位作业人员的日常工作内容，尽可能发现每一处细节并加以规定，确保员工面对日常工作做到有标准可依。

内容方面，工作手册至少应包括公司概况、企业文化、组织架构、员工日常行为规范、企业制度、岗位职责、手册说明等内容。

而工作手册的贯彻执行，依靠的是科学、严格的管理，否则制定再多流程或标准也形同虚设。分工越细就越需要协调，否则各个职能部门的运行会相互牵制，各个作业岗位的衔接也难以顺利进行，手册化管理所带来的优势就难以转化为门店的现实竞争优势。因此在实际营运过程中，必须不断探索和改善门店的营运标准，使手册化管理不断合理化。同时，标准的统一性并不排除门店的能动性，只要能使门店的盈利水平提高，各门店都可以提出建设性意见，促使更优化的内容纳入手册，成为标准。

二、建立培训体系

培训能提高门店人员的技术能力和操作熟练度，有利于门店各级员工的有效选拔、任用、教育、开发，是门店稳步发展、持续进步的关键。在门店人员培训中，从店员到店长都须参与培训，培训的内容因对象和要求的不同而不同，按纵向层次，培训开发分为三个层次。

（一）职前培训

职前培训是指新员工进店后的基础培训，偏重观念教育与对专业知识的理解，目的是让新员工明确门店的规章制度、职业道德规范及相应专业知识。可包含如下内容：

1.服务规范

让每位员工树立依法经营、维护消费者合法权益的思想，同时把服务仪表、服务态度、服务纪律、服务秩序等作为培训的主要内容，让员工树立"顾客就是上帝""员工代表企业"的思想。

2.专业知识

在帮助员工树立正确工作观念的基础上，传授各个工作岗位的有关专业知识，一般可分为售前、售中、售后三个阶段的专业知识。售前即开店准备，具体包括店内的清扫、商品的配置及补充准备品的确认等必须掌握的专业知识；售中即营业中与销售有关的事项，具体包括待客销售技巧、维护商品陈列状态、收银等；售后即门店营业结束后的工作事宜，包括建立良好的顾客利益保障制度、商品盘点制度等工作。

（二）在职培训

由于企业内外部环境和工作重点会发生变化，有时要对在岗员工进行转岗或晋升，因此同样需要培训，在职培训是职前培训的延续与发展。通过在职培训，可以提高员工的积极性，有利于员工工作绩效的进一步提高。

在职培训偏重在职前培训基础上的操作实务性培训，主要按各类人员的职位、工作时段、工作内容、发展规划进行，主要涉及店长、理货员、收银员等门店工作人员，按其职级开展和实施。

店长的培训主要包括以下内容：店长的工作职责、作业流程、对员工的现场指导、员工问题的诊断与处理、商品管理、如何开好会议、顾客投诉处理、管理报表分析、信息资料管理等。例如，家乐福的店长培训包括店长就职培训、财务、人力资源、团队管理、市场营销和美工培训等15个课程。

理货员的培训主要包括以下内容：理货员的工作职责，作业流程，领货要领，标价机、收银机或 POS 机的使用，商品的陈列技巧，补货要领，清洁管理等。

收银员的培训主要包括以下内容：收银员的工作职责、收银操作、顾客对答技巧、简易包装技巧等。

（三）一岗多能培训

员工除了掌握各自岗位所需的知识和技能外，许多情况下也需要发挥其"多能"作用。事实上，超市门店尤其是便利店等，某些工作需要全体员工都能操作，如商品的盘点、商品损耗的处理、收银操作等。店长如果抓好职工在这方面的培训和管理，就能大大减少用工人数和相应费用，从而提高门店的盈利水平。

（微课）1—10

门店人员的管理

三、明确考核制度

员工考核是门店人员管理的重要环节，是发现、选拔优秀人才和开发人才的重要手段。以考核为基础的薪资制度、晋升制度、奖励制度等均可有效激励员工努力上进，充分发挥自己的专长和智慧，形成良好的组织氛围，最终有利于提高工作效率和门店整体经济效益。

（一）门店员工考核类型

1.按考核主体划分

（1）主管考核。主管考核就是上级对下属的专核，这是一种常见的考核方式。考核主体是主管领导，考核结果往往会受到领导主观因素的影响，会产生考核偏差。

（2）自我考核。自我考核就是被考核者本人对自己的工作表现进行反省和评估。这种方式的考核主体是被考核者本人，这就等于公开了考核所注重的范围，提高了透明度，能够对员工产生较强的激励作用。

（3）相互考核。相互考核就是同事之间互相考核。这种考核方法体现了考核中的群众性和民主作风，但考评效果与组织内部实事求是和民主的氛围有关。

2.按考核时间划分

（1）平时考核。平时考核即考核者对考核对象所进行的日常考核，包括有形考核和无形考核两种方式。有形考核包括根据缺勤记录考核出勤情况和根据工作日表现考核工作表现等；无形考核主要是通过观察而得到一种印象，如对责任心、处事能力、积极性、工作态度等的考核。

（2）定期考核。定期考核是指按照一定的固定周期所进行的考核，如月考核、季考核、年终考核等。由于定期考核是隔期进行的，因而要注意考核结果的真实性。

（3）专案考核。专案考核是指对平时考核中发现的偶发性重大事件进行的特别考核，如对平时表现特别突出、做出重大贡献的个人进行的特别考核等。

（二）门店员工考核方法

1.个人判断法

这是凭领导者个人的判断来评定下属员工的一种考核方法。该方法虽然简便易行，但考核缺乏客观性，很难达到公平合理。

2.因素评价法

此法在考核前将需考核的内容分解为若干因素并形成评价体系，对被考核者逐项评定，最后作以区分。

3.考试评议法

这是将考试和评议结合在一起进行人事考核的方法。考试主要用于检查文化、专业理论和技术知识水平。评议就是采用多种形式征求有关人员对被考核者的看法，经过有关领导的分析、讨论，最后作出公平、正确的评价。

4.自我鉴定法

此法由被考核者对工作进行自我总结，对自己的业务水平、思想品质及工作实际作出评估。

5.人员素质测评

此法对门店各类人员的德、能、智、绩、体等素质采用定性和定量相结合的方法，进行测量与评定。企业人员素质测评是一种较科学的人员考核方式，它对于合理地考核、使用、培养和选拔连锁门店人才有重要的作用。

连锁门店员工考核的最后一项工作就是将考核结果以书面的形式，形成考核鉴定表，以便对被考核者进行激励和鞭策，将考核结果与奖励挂钩，使考核成为奖勤罚懒、奖优罚劣，调动员工工作积极性、主动性和创造性的有力手段。

四、疏通晋升渠道

晋升作为激励的有效手段，在门店的人员培养工作中尤为重要。门店须不断完善内部人员的晋升通道，避免人才流失。门店人员晋升制度是为了提升个人素质和能力，充分调动人员的主动性和积极性，并在门店内部营造公平、公正、公开的竞争机制，规范门店的晋升晋级工作流程而制定的制度。

晋升的原则是德绩兼备、公平公正，将阶梯晋升与破格提拔相结合。

晋升的模式分为工作表现晋升模式、投入程度晋升模式和按年资晋升模式。

晋升的类型一般分为：职位、薪资同时晋升；职位晋升、薪资不变；职位不变，薪资晋升。

晋升的实施要严格按照门店晋升制度执行，要提前公布晋升计划和晋升资格，要对晋升条件制定具体的审查标准，确定晋升标准体系，明确晋升途径和晋升类型。要让门店人员非常清楚什么情况可获得晋升，只有在晋升基准公平、公开的情况下，门店人员才能清晰掌握努力的方向。审查标准一般分为业绩、考绩和其他方面。

○ 职业技能操练

| 工作项目

学生分组针对上一工作活动职业技能操练中所选的本地连锁水果品牌门店的人员配置管理进行调研分析。

| 项目背景

经过对上一工作活动职业技能操练中的实地调研进行分析，目前各小组已经深入了解了所调研门店的岗位设置以及各岗位的具体工作职能，接下来还需要对各岗位的人员如何配置以及员工上岗后如何管理进行调研，通过调研将课堂上所学习的人员配置方法在实践中进行检验，并利用所学习到的人员考核方法对真实企业的人员管理制度进行评析。

| 工作目标

◉ 选定一个调研门店的具体岗位，对其人员配置、工作手册以及培训、考核、晋升制度进行调研

◉ 根据调研情况总结该岗位人员配置方法、工作手册主要内容、各阶段培训主题、考核的类型和方式、晋升的条件和要求

◉ 对所选门店该岗位的管理制度进行分析和评价

| 工作计划

请将所选门店人员配置管理调研分析计划填入表1-3-1。

表1-3-1　　　　　　　　人员配置管理调研分析计划表

工作要点	计划描述
收集调研信息	
分类总结概要	
分析管理制度	

| 工作实施

步骤一：选定待调研门店岗位名称

[基础任务] 从上一个工作活动所总结的岗位列表中选取一个待具体调研的岗位名称。

待调研岗位名称：＿＿＿＿＿＿＿＿＿＿＿＿＿＿＿＿＿＿＿＿

步骤二：具体调研该岗位人员配置方法及核心管理制度

[基础任务] 通过与门店店长和店员沟通，了解该岗位人员配置方法、工作手册主要内容、各阶段培训主题、考核的类型和方式、晋升的条件和要求。

人员配置方法： _____

_____

_____

工作手册主要内容： _____

_____

_____

各阶段培训主题： _____

_____

_____

考核的类型和方式： _____

_____

_____

晋升的条件和要求： _____

_____

_____

步骤三：对门店该岗位的人员配置及管理制度进行分析和评价

[进阶任务] 对标所学的内容，分析和评价所调研门店该岗位的人员配置方法是否合理，管理制度有何优点与不足。

人员配置方法是否合理：□是　　□否

分析原因： _____

_____

_____

管理制度有何优点与不足： _____

_____

_____

优点： _____

_____

_____

不足： _____

_____

_____

如有不足，你建议如何改进： _____

_____

_____

---------------- ◎ 工作项目评价

评价方式采用多元化评价，评价主体由学生、小组、教师和企业构成，评价标准、分值及权重如下所示。

1.学生对自我在工作活动中的职业核心能力进行自评,将自评结果填入职业核心能力自测表,见表1-3-2。

表1-3-2　　　　　　　　　　职业核心能力自测表

(在□中打√,A通过,B基本通过,C未通过)

职业核心能力	评 估 标 准	自测结果
自我学习	1.能进行时间管理	□A □B □C
	2.能选择适合自己的学习和工作方式	□A □B □C
	3.能随时修订计划并进行意外事件处理	□A □B □C
	4.能将已经学到的东西用于新的工作任务	□A □B □C
信息处理	1.能根据不同需求去搜寻、获取并选择信息	□A □B □C
	2.能筛选信息并进行信息分类	□A □B □C
	3.能使用多媒体等手段来展示信息	□A □B □C
数字应用	1.能从不同信息源获取相关信息	□A □B □C
	2.能依据所给的数据信息作简单计算	□A □B □C
	3.能用适当方法展示数据信息和计算结果	□A □B □C
与人交流	1.能把握交流的主题、时机和方式	□A □B □C
	2.能理解对方谈话的内容,准确表达自己的观点	□A □B □C
	3.能获取信息并反馈信息	□A □B □C
与人合作	1.能挖掘合作资源,明确自己在合作中能够起到的作用	□A □B □C
	2.能同合作者进行有效沟通,理解个性差异及文化差异	□A □B □C
解决问题	1.能说明何时出现问题并指出其主要特征	□A □B □C
	2.能作出解决问题的计划并组织实施计划	□A □B □C
	3.能对解决问题的方法适时作出总结和修改	□A □B □C
革新创新	1.能发现事物的不足并提出新的需求	□A □B □C
	2.能创新性地提出改进事物的意见和具体方法	□A □B □C
	3.能从多种方案中选择最佳方案并在现有条件下实施	□A □B □C
学生自我打分		

2.学生以小组为单位,对本工作项目的实施过程与结果进行自评,将自评结果填入小组自评表,见表1-3-3。

表1-3-3　　　　　　　　　　小组自评表

评价内容	评价标准	分值(分)	评分(分)
团队建设	团队合作紧密、互帮互助	10	
	工作态度端正、作风严谨	15	
	遵守法律法规和工作准则	10	
工作情况	计划制订周密、组织有序	15	
	按计划、高效率完成工作	20	
	工作成果完整且质量达标	30	
合　计		100	

3.教师就专业操作能力对小组工作过程与结果进行评价,将评价结果填入专业

能力测评表，见表1-3-4。

表1-3-4   专业能力测评表

（在□中打√，A掌握，B基本掌握，C未掌握）

业务能力	评价指标	测评结果	备注
调研门店人员配置及管理信息	1.调研信息的完整性	□A □B □C	
	2.调研信息的准确性	□A □B □C	
分类概括门店人员配置及管理制度	1.人员配置及管理制度分类的准确性	□A □B □C	
	2.人员配置及管理制度概括的完整性	□A □B □C	
分析门店人员配置及管理制度的优缺点	1.人员配置分析的合理性	□A □B □C	
	2.管理制度优缺点分析的合理性	□A □B □C	
其他		□A □B □C	
教师评语：			
教师打分		教师签字	

4.企业对小组工作过程与结果进行评价，将结果填入企业评价表，见表1-3-5。

表1-3-5   企业评价表

关键考核指标	分值（分）	得分（分）
能完整调研门店人员配置及管理制度相关信息	30	
能准确分类概括门店人员配置及管理制度	30	
能合理分析门店人员配置及管理制度的优缺点	40	
合计	100	

5.根据上述结果填写综合评价表，见表1-3-6。

表1-3-6   综合评价表

自我评价（10%）	小组自评（10%）	教师评价（50%）	企业评价（30%）	综合评价

职业素养指南

零售行业员工行为规范通则

第一条　遵守国家法律法规，遵守各项规章制度，维护公司形象。

第二条　树立爱岗敬业的思想，遵守职业道德，积极进取，忠于职守，服从管理，听从调配。

第三条　熟悉业务知识，掌握销售技巧，不断提高服务水平。

第四条　树立以客为先的思想，严禁以任何理由顶撞和欺骗顾客。

第五条　按规定上下班、不迟到、不早退、不旷工，不得擅自离岗、无故调班。

第六条　禁止在营业现场内照镜、化妆、闲聊或做出不文雅的行为举止。

第七条　上班期间严禁玩手机、打与工作无关的电话，个人手机必须调整为静音状态，接听店铺电话要礼貌、简洁，熟人来访不得在后台接待。

第八条　不得泄露公司机密或假借职权谋取不正当利益、接受招待或以公司名义在外招摇撞骗。

第九条　不得携带违禁品、危险品进入门店。

第十条　爱护公物，妥善保管各类财物，门店资产只能用于门店业务，严禁偷盗、侵占、挪用存放在门店的财物。

第十一条　爱惜物料和设备，节约费用开支，严格控制造成损耗的任何行为，反对任何形式的浪费，节约、环保是义务，更是美德。

第十二条　遵守工作操作规范，保障门店财产和顾客、员工人身安全。

第十三条　员工违反以上工作行为规范，给门店造成经济或其他形式损失者，门店将依照有关规定追究经济赔偿，情节严重、触犯国家法律法规的，将移交司法机关追究法律责任。

资料来源：作者根据相关资料整理而成.

素养讨论：以上行为规范节选自某零售公司的员工手册，即使针对不同公司员工也具有普遍适用性。上述行为规范，能够对员工日常基础行为进行合理的规范和约束。除了上述规范，请问还有哪些内容应写入员工手册中？请至少列举五条。

门店园地　　　　　**职位不分贵贱，态度才有高下**

在现代职场中，不断向上晋升常被各层级员工看作努力工作的重要目标，很多人甚至认为只有高高在上的领导才值得受人尊敬，因此自己也挤破头希望走向"高层"，接受来自底层的仰望。以晋升为目标固然是积极上进的表现，但绝对不能因此而扭曲了职场中的正确价值观——职位不分贵贱，态度才有高下。

不论身处什么行业，大家都是凭着自己的努力和付出从事着各种不同的工作，在自己的岗位上辛勤劳作保障自己的生活，在同一家公司内，不同职位的收入可能会有较大差距，但是大家都应该得到同样的尊敬。

在什么岗位工作大多是自己个人的选择使然，如果你不满足于目前的职位，大可以凭着自己的努力去获得更高职位的工作机会，但是不能因为暂时处于一个不满意的层级就认为这个岗位或职位很低贱，或许你没有认真付出，但总有别人在为这个岗位付出着自己辛勤的汗水，他们在这个岗位上获得了自己的幸福生活，也为社会和国家奉献着GDP和幸福指数。所以我们必须正确对待所有的职业和岗位，不能因为一些狭隘的看法就产生职位有高低贵贱之分的想法，社会上每一份工作都有着它们存在和延续的理由和意义。

资料来源：作者根据相关资料整理而成.

思政评析：在浮躁的社会中可能依然有人会坚持己见地认为职位有高低贵贱之分，也有一些刺耳的声音会出现在人们耳边，但是我们要相信这部分始终是属于少数的，因为大多数人向往的都是平等、公正、公平、和谐的社会，大家都有着相似的道德价值观，这也是我们的社会和国家一直提倡的正能量。在众人的共同努力之下，不同职位的人奉献出自己的力量，小家和大家都能经营得富裕安稳、和和美美、充满自由和快乐。我们作为社会的一分子，应当在自己的工作岗位上坚持爱岗敬业、踏实奋斗。不可只一心求功名，仍须踏实练本领。

◯ 本情境预期学习成果

学习成果名称：门店组织管理活动认知

学习成果目的：通过模拟演练与操作，初步认识门店组织管理活动的工作流程和工作重点。

学习成果内容：

1.仔细观察自己熟悉的线下零售门店，调查分析他们是如何进行门店组织管理的？他们的组织结构属于哪种类型？都设置了哪些岗位？人员是如何配置和管理的？

2.由教师设定题目，走访校企合作企业，分析组织管理活动对其日常经营活动的影响。

学习成果思考：

如果你想要在当地创业开一家水果店，具体情境自设。请结合本工作情境的三个工作活动学到的知识和技能，设计如何进行你所经营门店的组织结构搭建、岗位设置、人员配置和管理。

学习成果组织：学生分小组进行调查研究、信息整理、信息分析，最后形成文案报告。

学习成果总结：学生小组交流文案报告，教师根据文案、PPT演示、讨论分享中的表现分别给每组进行评价打分。

2

工作情境2
门店商品管理

〉〉〉〉 情境目标

知识目标

1.掌握连锁企业门店的商品采购工作流程；
2.掌握连锁企业门店的商品陈列工作流程；
3.掌握连锁企业门店的商品盘点工作流程；
4.掌握连锁企业门店的商品促销工作流程。

技能目标

1.能够根据企业实际情境进行商品采购方案制订；
2.能够根据企业实际情境进行商品陈列方案制订；
3.能够根据企业实际情境进行商品盘点方案制订；
4.能够根据企业实际情境进行商品促销方案制订。

思政目标

以爱岗敬业、持续专注、精益求精的大国工匠精神为契合点，以诚信经营、习近平对"正确义利观"的精辟论述为职业素养引导，通过学习连锁企业门店商品管理系列真实岗位实践模拟工作流程，具有正确的职业理想、较高的职业品质和崇高的职业奉献精神，培养服务社会的责任和意识，树立诚信为本、吃苦耐劳、敬业奉献、追求极致、专注创新等职业价值观。

>>>> 情境导入

　　某罐头生产厂家，产品主要在西南地区销售，有一定品牌知名度。为将产品推销到华东地区，该厂家首选某市为目标市场，并找到一家连锁企业合作，希望借助其连锁销售网络逐渐向其他地区推进。在新品上市之初，该厂家分析了某市当地市场：该市目前有大卖场A、B、C、D、E。其中大卖场A、B是全国性的，在全国有上千家门店，但此前由于进场费等一些问题没有与之合作；大卖场C是区域性的，主要在华东地区发展，其门店也有近千家，主要业态为门店和便利店；大卖场D是从当地发展起来的企业，在该市及周边地区占有一定的市场份额。经过分析，该厂家决定与大卖场C商谈进场上柜事宜。你作为大卖场C的一名买手，负责该品类商品如何进场等事宜。请根据大卖场C的工作流程和市场分析，做好与该罐头厂家的谈判、进场试销、商品转正、供应商结款、商品淘汰、商品陈列、商品促销等工作。

>>>> 工作活动

工作活动1　商品采购管理
工作活动2　门店陈列管理
工作活动3　门店盘点管理
工作活动4　门店促销管理

工作活动1
商品采购管理

工作活动目标

1.了解商品采购的作用及工作流程。
2.掌握商品采购的主要内容及注意事项。
3.学会进行采购计划的制订。
4.学会进行供应商的管理。

职业工作情境

门店采购人员需要了解采购重点内容及相关注意事项，只有采购管理流程规范化、标准化，才能提高采购业务部门的工作效率。

职业知识储备

知识点1
商品采购重点

商品采购管理是店长为了完成销售计划，在保证商品品质的前提下，在适当的时间，以适当的价格，从适当的供应商那里购买一定数量商品所采取的管理活动。商品采购的重点见表2-1-1。

表2-1-1　　　　　商品采购的重点

商品采购的重点	评价要点	具体说明
适当的商品	根据目标消费人群喜好、销售计划等因素，选择门店最需要的商品	根据门店所在地目标顾客消费水平选择适合本门店销售的商品
适当的品质	根据商品特征、顾客需求等因素，选择适当的品质	店长应了解供应商对商品质量的了解程度，查阅质量文件，如商品质量合格证、商检合格证等
适当的价格	根据销售价格、进货条件、竞争者动向、定价策略等确定适当的采购价格	价格应以公平、合理为原则，采购价格过高会丧失竞争力；而采购价格过低会迫使供应商偷工减料，导致商品质量降低，影响预期销量
适当的数量	根据销售预测的数量、采购条件、进货方式、惯例、库存量、仓库资金运用状况等因素，决定采购量	采购量应适当，过高容易造成商品积压；过低会增加采购次数和采购成本，而且不利于供应商送货，延误商机
适合的时间	根据销售情况、流行趋势、竞争者状况、商店活动等因素，选择最有利的采购时间	采购时间须恰当，过早会造成货物堆积，占用仓储空间；过晚则导致商品脱销，影响门店形象和效益
适当的供应商	根据供应商状况、进货条件、信用状况、付款条件等因素，选择恰当的供应商	慎重选择供应商，建立平等互惠买卖关系，获得持续性发展

知识点2
商品采购计划

商品采购管理应制订商品采购计划，制订流程如图2-1-1所示。

店长	财务部	采购部经理	采购主管	营业部门

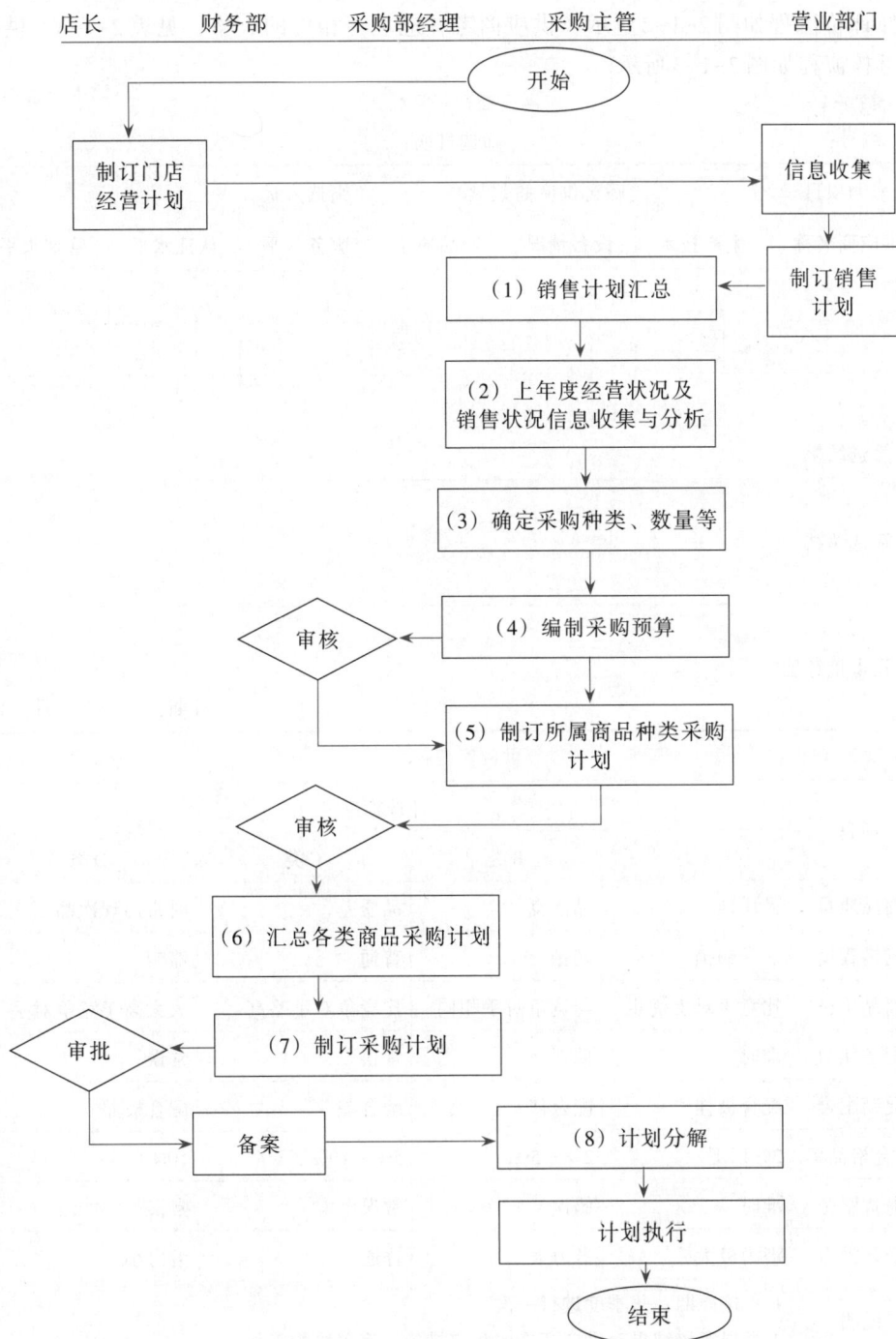

图2-1-1 采购计划制订流程

知识点3
供应商管理

采购的重点之一即选择合适的供应商，供应商选择评价表见表2-1-2，供应商选择评价流程如图2-1-2所示。供应商考核应填写相应的表格，见表2-1-3。供应商考核流程如图2-1-3所示。

表2-1-2　　　　　　　　　　　　　　供应商选择评价表

编号：　　　　　　　　　　　　筛选日期：

采购项目		筛选供应商数量			筛选人员		
供应商名称	生产技术	设备情况	产品质量	服务水平	认证水平	管理水平	
筛选结果							
筛选总结							
店长审批意见							

日期：　　年　月　日

表2-1-3　　　　　　　　　　　　　　供应商考核表

项目	评选标准			
	A类	B类	C类	D类
商品质量	品质佳	品质良	品质差	时常出现次品
畅销程度	非常畅销	畅销	普通	滞销
商品价格	比竞争对手优惠	与竞争对手相同	比竞争对手略高	大大高于竞争对手
配送能力	准时	偶误	常误	常误
促销配合	配合极佳	配合佳	配合差	配合极差
不合格品率	2%以下	2%~5%	5%~10%	10%以上
退货服务	准时	偶误	常误	常误
经营潜力	潜力极大	潜力大	普通	潜力小
说明	1.考核周期：每季度进行一次 2.根据考核结果对供应商采取相应措施，完善采购工作			

店长   采购部经理   采购部   各营业部门   供应商

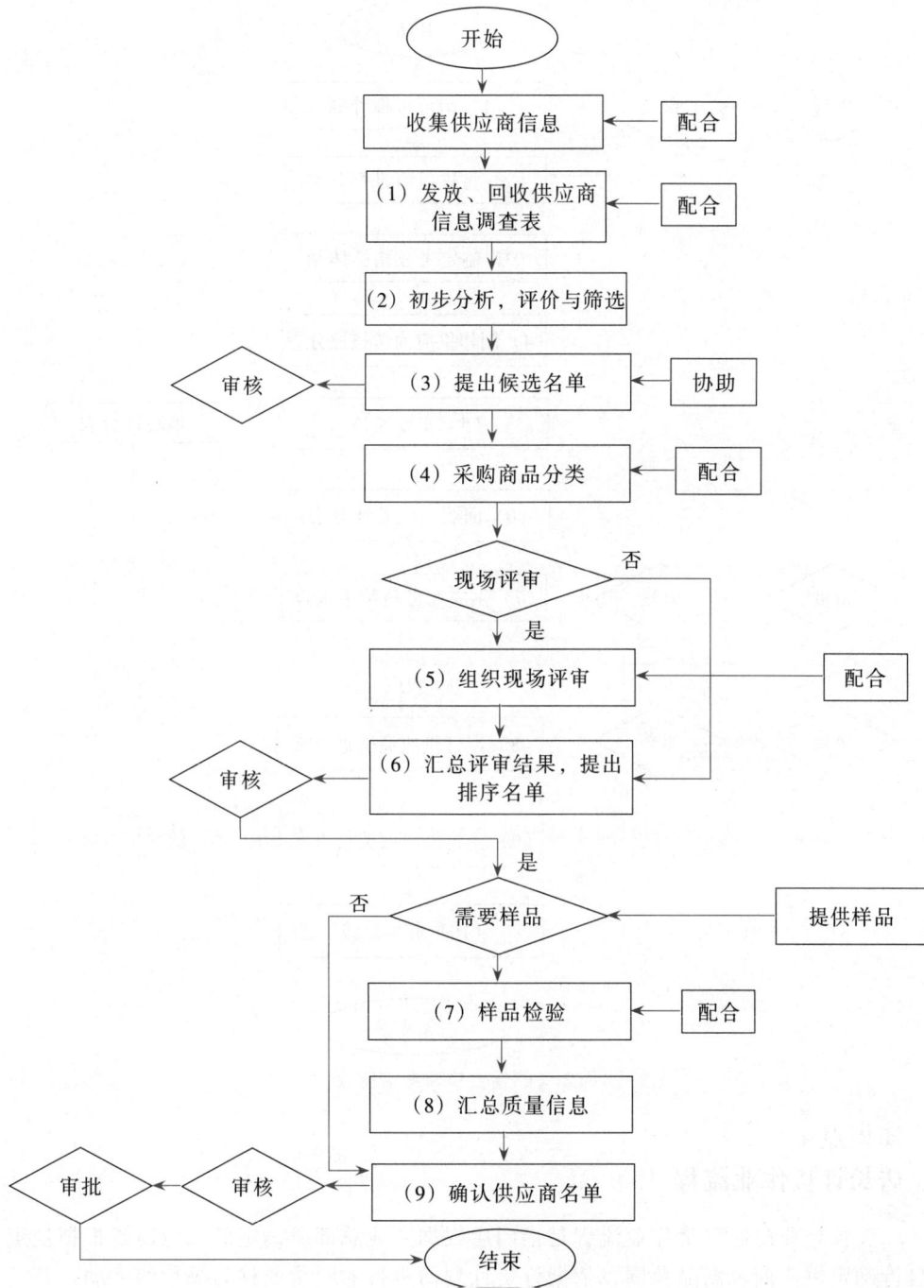

图2-1-2 供应商选择评价流程

店长	采购部经理	采购部	各营业部门	供应商

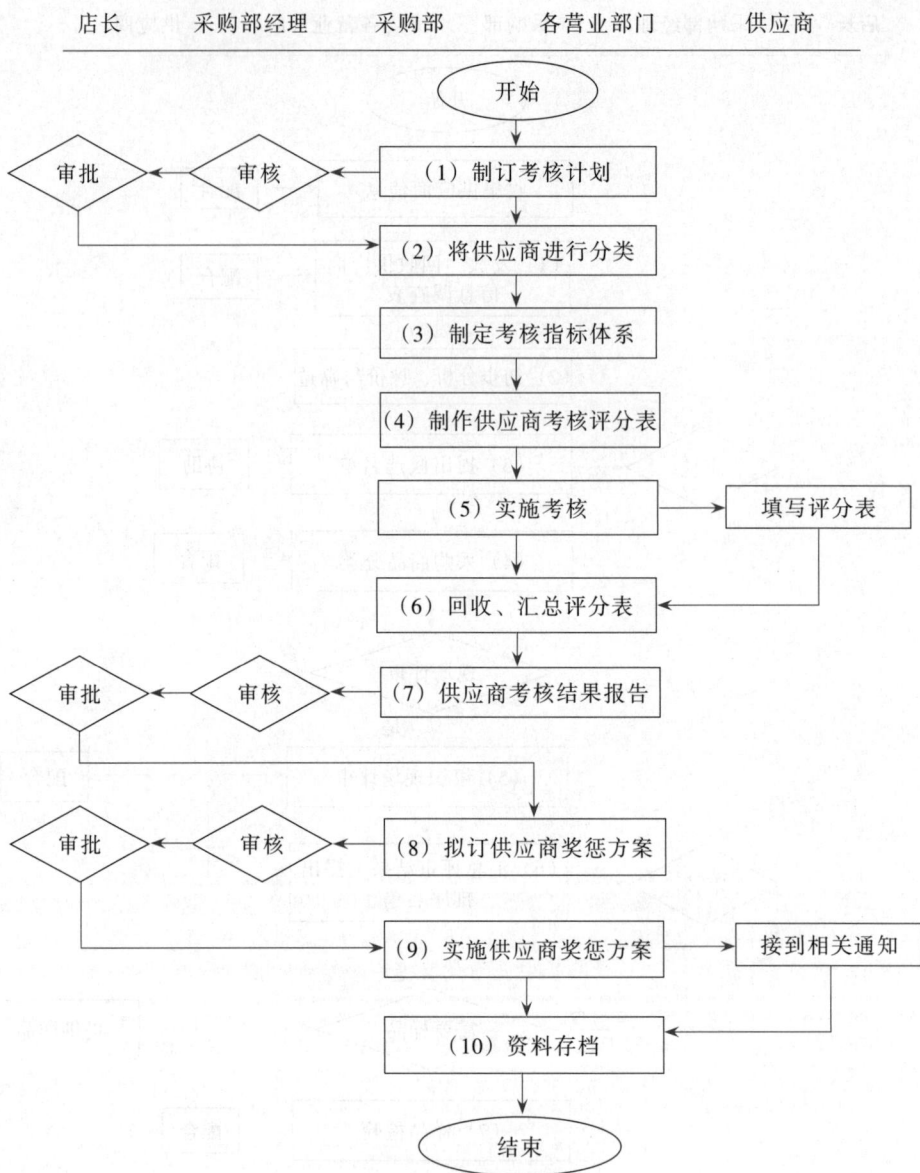

图 2-1-3　供应商考核流程

知识点 4
店长订货作业流程

（动画）2-4

进货作业
概述

　　连锁企业门店订货作业流程是指门店根据企业总部所确定的供应商或根据规定自行确定供应商及商品范围，依据订货计划而进行的叫货或称为添货的活动，其一般流程如图 2-1-4 所示。

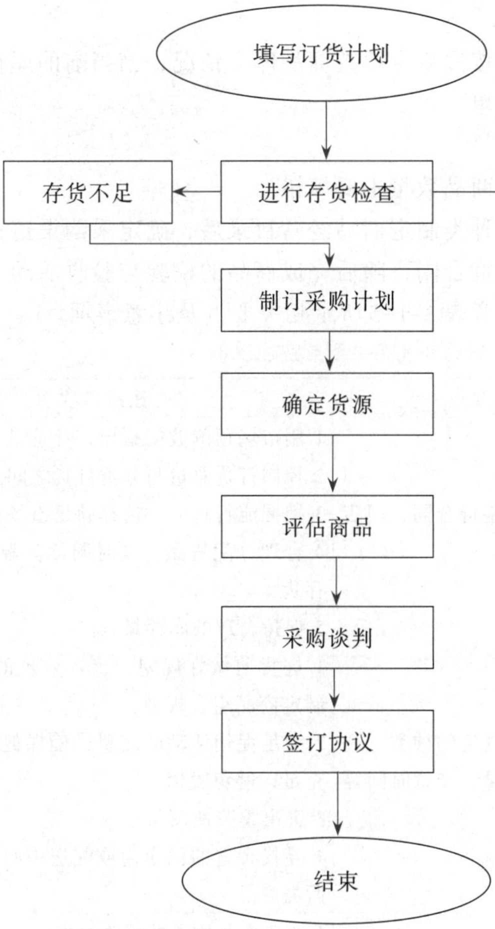

图 2-1-4 门店订货作业流程

一、制订计划

由于考虑到订货与到货之间具有时间差，商品部门不可能等到缺货的时候再订货，因此必须适时适量地有计划地订货，订货一般需要填写订货计划表，见表2-1-4。

表2-1-4 订货计划表

课别	供应商编号	供应商名称	订货周期	到货天数	最小起订量	周一	周二	周三	周四	周五	周六	周日

二、检查库存

部门订货人员应每日定时按照规定检查商品库存情况，当当前的库存量小于安全库存量时，应及时发出订货单。

三、填写订货单

订货单填写时应特别注意商品数量不要填错。

店长根据商品经营范围、种类制定商品经营目录后，确定采购渠道，并与相关供应商进行进货洽谈，签订订货合同，随后完成商品的检验与验收活动。店长在进行商品进货管理作业时，要注意表2-1-5所示相关要点及注意事项。

表2-1-5　　　　　　　　　进货管理作业相关要点及注意事项

进货管理作业	相关要点	注意事项
订货作业	通过与供应商签订合同，门店事先进行订购	1.用市场预测数据指导订货总量 2.控制订货总量与分类订货之间的比例管理 3.把握流行趋势，选择满足市场需求的商品 4.合理分配货品，及时调货，避免不必要的存货 5.保持合理的库存量
进货作业	供应商按合同规定的种类、规格、质量、数量、交货时间等进行交货	1.进货前做好规划，确定合理的商品数量，制定商品组合规划 2.满足促销活动的需要，确保促销商品备货充足，避免脱销 3.突出季节性商品 4.寻找合适的供应商或配送中心，提前订购所需商品
验收作业	订货后对供应商送来的商品进行验收，从而使商品进入卖场或仓库。验收作业的每个环节密切相关，必须严格遵守验货程序与规定	1.明确商品质量的验收标准 2.逐次验货，明确每个环节的经济责任 3.验收时，核对商品名称、单位、单价、规格、颜色等，正确者验收数量，不符合者拒收 4.不同商品采取不同的验收方式 5.做好验收记录
退换货作业	因商品质量不佳、订货和送货失误、商品过期等原因发生退换货	1.退货作业可与进货作业配合，利用进货回程顺便将退货带回 2.退货时查明退货商品来源，填写退货单，并且通知供应商及时处理 3.定期办理退换货作业，以提高作业效率
补货作业	补货是门店的第二次采购，按照一定标准对库存不足商品进行补充，以维持门店正常经营	1.补货须考虑季节和促销因素 2.补货前须先整理柜面，保持陈列柜清洁 3.补货时要充分利用各种工具减少体力支出，提高工作效率 4.补货完毕后检查价格和商品是否对应

·············○ 职业技能操练

工作项目

学生分组选择所熟悉的本地水果连锁企业门店，根据所给定的项目背景为其制订门店新品订货方案。

项目背景

该企业其中一家门店锁定的目标人群是该居住区内的单身人士、学生及新组建家庭等年轻人群体，根据该消费人群的喜好，该店店长逐步调整本店的商品结构。便捷且口味浓郁的进口水果虽然不是家庭主妇的选择，却是打工仔和学生的最爱，该店店长想增加该类产品，选择适当的供应商签署商品采购合同，并以适当的价格和数量进货。

工作目标

● 确定该门店的最佳商品结构
● 制订该门店的新品订货计划

工作计划

请将新品订货计划工作要点填入表2-1-6。

表2-1-6 新品订货计划要点

工作要点	计划描述
填写订货需求计划	
制订采购计划	
确定货源	
评估商品	
采购谈判	
签订协议	
撰写新品引进计划方案	

工作实施

步骤一：填写订货需求计划

[基础任务] 通过调研、走访的方式了解和收集该门店的商品结构及所在区域的顾客结构，分析目标消费群体的特征，填写订货需求计划表。

分析该门店商圈内目标顾客需求特点：＿＿＿＿＿＿＿＿＿＿＿＿＿

＿＿＿＿＿＿＿＿＿＿＿＿＿＿＿＿＿＿＿＿＿＿＿＿＿＿＿＿＿＿＿＿

＿＿＿＿＿＿＿＿＿＿＿＿＿＿＿＿＿＿＿＿＿＿＿＿＿＿＿＿＿＿＿＿

＿＿＿＿＿＿＿＿＿＿＿＿＿＿＿＿＿＿＿＿＿＿＿＿＿＿＿＿＿＿＿＿

分析该门店现有商品结构特点：＿＿＿＿＿＿＿＿＿＿＿＿＿＿＿＿＿

＿＿＿＿＿＿＿＿＿＿＿＿＿＿＿＿＿＿＿＿＿＿＿＿＿＿＿＿＿＿＿＿

＿＿＿＿＿＿＿＿＿＿＿＿＿＿＿＿＿＿＿＿＿＿＿＿＿＿＿＿＿＿＿＿

＿＿＿＿＿＿＿＿＿＿＿＿＿＿＿＿＿＿＿＿＿＿＿＿＿＿＿＿＿＿＿＿

根据分析结果列出订货需求计划及原因并填写订货需求计划表，见表 2-1-7：

表 2-1-7　　　　　　　　　订货需求计划表

课别	品名	供应商	订货周期	到货天数	最小起订量	周一	周二	周三	周四	周五	周六	周日

步骤二：制订采购计划

[进阶任务] 根据该店前期的订货计划分析结果，设计商品采购计划并填写商品采购计划表。

采购商品的类别：＿＿＿＿＿＿＿＿＿＿＿＿＿＿＿＿＿＿＿＿＿＿＿

＿＿＿＿＿＿＿＿＿＿＿＿＿＿＿＿＿＿＿＿＿＿＿＿＿＿＿＿＿＿＿＿

＿＿＿＿＿＿＿＿＿＿＿＿＿＿＿＿＿＿＿＿＿＿＿＿＿＿＿＿＿＿＿＿

采购商品的数量：＿＿＿＿＿＿＿＿＿＿＿＿＿＿＿＿＿＿＿＿＿＿＿

＿＿＿＿＿＿＿＿＿＿＿＿＿＿＿＿＿＿＿＿＿＿＿＿＿＿＿＿＿＿＿＿

＿＿＿＿＿＿＿＿＿＿＿＿＿＿＿＿＿＿＿＿＿＿＿＿＿＿＿＿＿＿＿＿

采购商品的时间：＿＿＿＿＿＿＿＿＿＿＿＿＿＿＿＿＿＿＿＿＿＿＿

＿＿＿＿＿＿＿＿＿＿＿＿＿＿＿＿＿＿＿＿＿＿＿＿＿＿＿＿＿＿＿＿

＿＿＿＿＿＿＿＿＿＿＿＿＿＿＿＿＿＿＿＿＿＿＿＿＿＿＿＿＿＿＿＿

采购商品的预算：＿＿＿＿＿＿＿＿＿＿＿＿＿＿＿＿＿＿＿＿＿＿＿

＿＿＿＿＿＿＿＿＿＿＿＿＿＿＿＿＿＿＿＿＿＿＿＿＿＿＿＿＿＿＿＿

＿＿＿＿＿＿＿＿＿＿＿＿＿＿＿＿＿＿＿＿＿＿＿＿＿＿＿＿＿＿＿＿

根据分析结果填写商品采购计划表，见表2-1-8。

表2-1-8   商品采购计划表

商品种类									
序号	品名	规格	单位	单价	年度 销售量	现有 库存量	年计划 采购量	年用 金额	计划采购 日期
1									
2									
3									
⋮									

填表日期：   年 月 日   本表有效日期：   年 月 日至   年 月 日

步骤三：确定货源

［基础任务］根据该店自身情况及所采购商品的特点确定合适的货源。

公司自行生产：_____

_____

_____

_____

原有固定供应商：_____

_____

_____

_____

外部新供应商：_____

_____

_____

_____

步骤四：评估商品

［基础任务］通知备选供应商提交样品，选择合适的查验方法对商品品质进行评估，最终确定供应商。

检查（全验）：_____

_____

_____

_____

抽查（抽验）：_____

_____

_____

_____

描述（报告）：_____

_____

_____

_____

步骤五：采购谈判

［进阶任务］当货源已经选定、对商品评估也已完成时，应就采购事宜与供应商进行谈判。

商品质量要求：_____

_____

_____

商品数量要求：_____

_____

_____

商品价格要求：_____

_____

_____

商品交付要求：_____

_____

_____

商品送货要求：_____

_____

_____

其他补充要求：_____

_____

_____

步骤六：签订协议

［基础任务］确定供应商，完成谈判后，签订协议。采购人员可以使用计算机完成订货单处理，也可以人工填写订货单并进行处理。

设计订货合同：_____

_____

_____

_____

填写订货单：_____

_____

_____

_____

步骤七：撰写新品引进计划方案

[进阶任务] 根据前六个步骤的分析结果，撰写该店新品引进计划方案。各组同学形成方案并制作PPT进行汇报。

新品引进计划方案要点：_____

_____

_____

_____

工作项目评价

评价方式采用多元化评价，评价主体由学生、小组、教师和企业构成，评价标准、分值及权重如下所示：

1.学生对自我在工作活动中的职业核心能力进行自评，将自评结果填入职业核心能力自测表，见表2-1-9。

表2-1-9　　　　　　　　　　职业核心能力自测表

（在□中打√，A通过，B基本通过，C未通过）

职业核心能力	评估标准	自测结果
自我学习	1.能进行时间管理 2.能选择适合自己的学习和工作方式 3.能随时修订计划并进行意外事件处理 4.能将已经学到的东西用于新的工作任务	□A □B □C □A □B □C □A □B □C □A □B □C
信息处理	1.能根据不同需求去搜寻、获取和选择信息 2.能筛选信息并进行信息分类 3.能使用多媒体等手段来展示信息	□A □B □C □A □B □C □A □B □C
数字应用	1.能从不同信息源获取相关信息 2.能依据所给的数据信息作简单计算 3.能用适当方法展示数据信息和计算结果	□A □B □C □A □B □C □A □B □C
与人交流	1.能把握交流的主题、时机和方式 2.能理解对方谈话的内容，准确表达自己的观点 3.能获取信息并反馈信息	□A □B □C □A □B □C □A □B □C
与人合作	1.能挖掘合作资源，明确自己在合作中能够起到的作用 2.能同合作者进行有效沟通，理解个性差异及文化差异	□A □B □C □A □B □C
解决问题	1.能说明何时出现问题并指出其主要特征 2.能作出解决问题的计划并组织实施计划 3.能对解决问题的方法适时作出总结和修改	□A □B □C □A □B □C □A □B □C
革新创新	1.能发现事物的不足并提出新的需求 2.能创新性地提出改进事物的意见和具体方法 3.能从多种方案中选择最佳方案并在现有条件下实施	□A □B □C □A □B □C □A □B □C
学生自我打分		

2.学生以小组为单位，对本工作项目的实施过程与结果进行自评，将自评结果填入小组自评表，见表2-1-10。

表2-1-10 小组自评表

评价内容	评价标准	分值（分）	评分（分）
团队建设	团队合作紧密、互帮互助	10	
	工作态度端正、作风严谨	15	
	遵守法律法规和工作准则	10	
工作情况	计划制订周密、组织有序	15	
	按计划、高效率完成工作	20	
	工作成果完整且质量达标	30	
合　计		100	

3.教师就专业操作能力对小组工作过程与结果进行评价，将评价结果填入专业能力测评表，见表2-1-11。

表2-1-11 专业能力测评表

（在□中打√，A掌握，B基本掌握，C未掌握）

业务能力	评价指标	测评结果	备注
商品订货的原则及订货计划的制订	1.商品订货的一般原则要求	□A □B □C	
	2.订货需要考虑的因素	□A □B □C	
	3.商品订货的一般流程	□A □B □C	
商品采购的流程及采购重点内容	1.商品采购的一般流程	□A □B □C	
	2.采购需要注意的事项	□A □B □C	
供应商管理的重点内容	1.供应商的选择	□A □B □C	
	2.供应商的评价	□A □B □C	
	3.供应商的谈判	□A □B □C	
	4供应商的管理	□A □B □C	
其他		□A □B □C	
教师评语：			
教师打分		教师签字	

4.企业对小组工作过程与结果进行评价，将结果填入企业评价表，见表2-1-12。

表 2-1-12　　　　　　　　　　企业评价表

关键考核指标	分值（分）	得分（分）
能全面分析门店商品结构信息	40	
能准确描述门店目标消费群体的特征	40	
能合理制订门店订货计划方案	20	
合计	100	

5.根据上述结果填写综合评价表，见表 2-1-13。

表 2-1-13　　　　　　　　　　综合评价表

自我评价（10%）	小组自评（10%）	教师评价（50%）	企业评价（30%）	综合评价

工作活动 2
商品陈列管理

○ 工作活动目标

1.了解商品陈列的作用及工作流程。

2.掌握商品陈列的主要内容及注意事项。

3.学会进行商品陈列计划的制订。

（动画）2-5

理货员的
职责

○ 职业工作情境

现代市场营销学研究表明，企业营销的核心目标是在满足消费者需求的基础上实现商品的"交换"，即实现商品与货币的让渡，完成"惊险的跳跃"。任何营销举措的推出与调整，都必须以此为中心、为目的。商品陈列作为商业零售企业的一种营销方式，在促进商品销售等方面起着十分重要的作用。

（微课）2-6

商品陈列的
重要意义

○ 职业知识储备

知识点 1
制订陈列方案的步骤

一、店铺陈列目的分析

陈列不仅能使企业获得比同行业其他竞争对手更为丰厚的回报，而且还有以下作用。

（一）维护商家的信誉

好的商品陈列不仅有利于维护企业的信誉，提高商品的可信度，使消费者易于接受商品的各种信息而加深对商品的印象，增加销售机会，形成潜在利润，而且使消费者对品牌产生认同感和信任感，从而提升企业的知名度。

（二）提高商品的附加值

陈列赋予企业特定的企业文化定位和形象内涵，有利于提高商品的附加值，使企业获得更高的利润，增强企业的竞争力，占领更多的市场份额。

（三）树立企业良好形象

好的陈列可使企业更加明确自身不单是制造物质产品的单位，同时也是创造精神产品的主力军。因此，陈列必须同时肩负物质、精神生产的双重责任以及经济效益和社会责任的双重使命。陈列应注重社会效益以及对社会公益活动的支持，增强大众对环境的保护意识，这些都将有利于提升企业的社会形象。

二、对品牌企业文化的分析

企业文化是20世纪80年代企业管理思想的产物，被人们公认为现代企业管理的有效模式之一。它是指在一定的社会历史条件下，支配企业及其员工在从事商品生产、商品经营时，在自然求索和社会交往中，所持的理想信念、价值取向、行为方式的道德准则等。企业文化能够体现企业的战略思想、发展心理和行为方式。它是现代企业在经营和管理活动中所创造的精神财富和物质财富的提炼，是企业所特有的传统和风格，是被一代又一代企业员工内化了的精神气质。不同的企业，企业文化的内涵也不尽相同，同行业间各企业的价值取向也可能不同，这就使得各企业经营方向、经营形式、经营业绩以及所传递出的企业形象也不相同。

陈列师在设计商品陈列方案前要切实了解品牌的企业文化，熟悉品牌风格和定位。例如，安踏从一个名不见经传的产品发展为世界名牌，它的成长从根本上说得益于"坚持以消费者为导向，理解消费者，洞察消费者趋势，快速响应并满足消费者需求"的企业文化（如图2-2-1所示），在商品陈列时，安踏也会充分体现这些风格，以此来迎合消费者的心理。

三、对产品进行分析

产品既是陈列的起点和构成基础，同时也是店铺陈列的最终体现。陈列之前，必须对产品进行分析，如对服装产品的分析可以包括色系、款式、功能、商标、质地、设计格调、价位、工艺、规格和产地、工序等，整个陈列展示就是要有针对性地突出产品的某一方面或某些方面，达到将产品卖点凸显出来的目的，如图2-2-2所示。

四、对店铺陈列道具及宣传品的分析

陈列道具是现代商品展示设计中不可缺少的一项，如果没有陈列道具，商品的个性就无法充分展现，甚至在众多商品的叠置中消失。因此，要做好陈列展示，道具的配合是不容忽视的。

图2-2-1　安踏店铺形象展示

（https：//image.baidu.com/search/detail?ct=503316480&z=0&ipn=d&word=安踏店铺图片）

图2-2-2　通过陈列示范商品的优越

（https：//image.baidu.com/search/detail?ct=503316480&z=橱窗陈列）

　　再比如，POP广告作为宣传品应用非常广泛，因为店铺陈列宣传品是品牌最直接、最有效的广告，其样式也在不断完善、更新和丰富，充满了活力与魅力。在日趋激烈的市场竞争中，在营销手段变幻莫测的今天，品牌宣传品以自身无限的创意和因其能营造出特殊的卖场氛围而吸引着消费者，撞击着设计者的灵感。宣传品不仅是设计师创意的媒介物，拥有生命力，包含了美的韵味和艺术的情愫，而且是商品销售的重要辅助工具。

五、对店铺空间环境的规划

如果店铺的空间环境规划不合理，不仅店铺形象得不到展现，还容易造成橱窗及卖场气氛的不统一。因此，陈列师在制订陈列方案时，必须考虑以下要点：顾客的方向、店铺门面形象、入口规划、色彩搭配、照明、主通道动线规划等。常见的出入口设计如图2-2-3所示，门店照明设备规划与效果如图2-2-4所示。

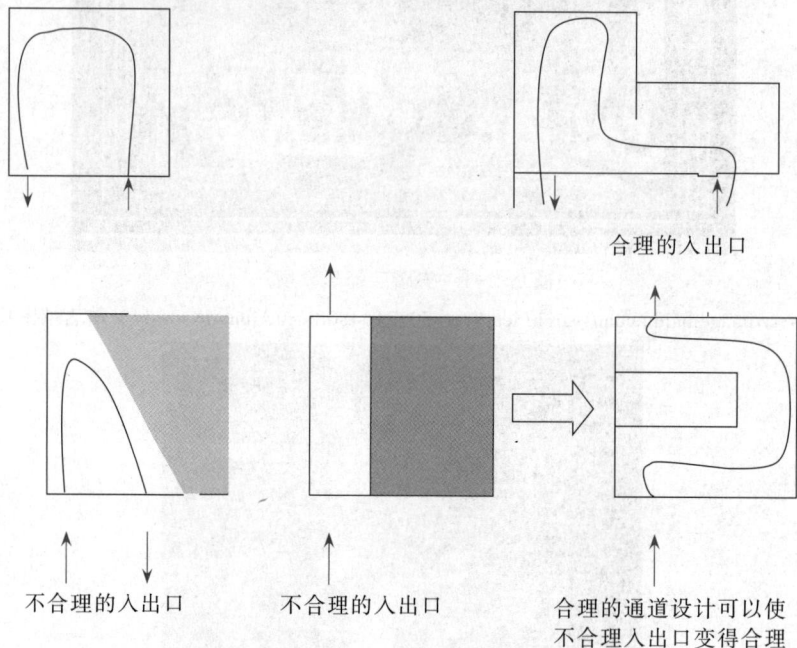

合理的入出口

不合理的入出口　　不合理的入出口　　合理的通道设计可以使不合理入出口变得合理

图2-2-3　常见卖场出入口

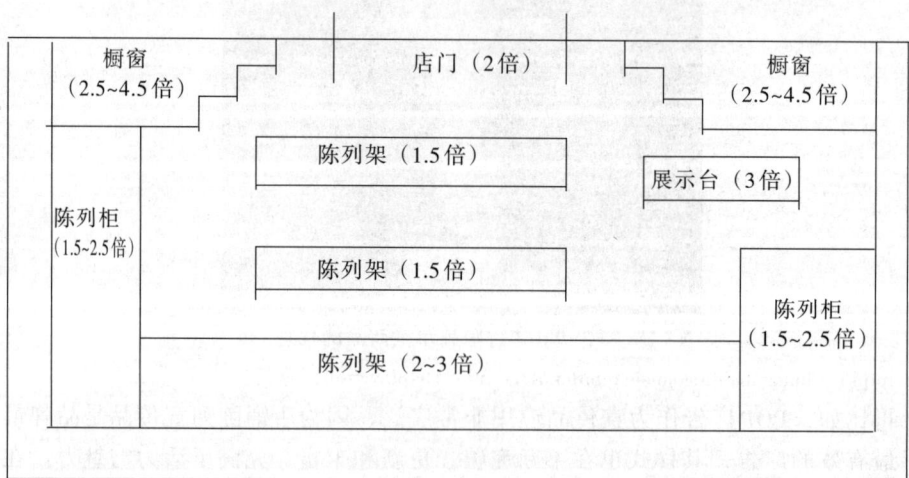

注：假设店内平均照明度为1，超过1表示尤其应特别加强照明之处。

图2-2-4　门店照明设备规划与效果图

六、店铺陈列核心的确定

店铺陈列的核心要确定。如果是服装商品，陈列设计要将它们按销售主题进行合理地系列组合和编排，以达到吸引顾客眼球的目的。图2-2-5为一组核心突出的橱窗陈列展示。

图 2-2-5　按照节日和关联陈列进行的陈列编排

（https：//image.baidu.com/search/detail?ct=503316480&z=0&ipn=新年主题展示）

七、陈列方案中陈列点的确定

　　陈列方案要确定用什么样的陈列方式才能合理地陈列商品，起到展示商品、刺激销售、方便购买、节约空间、美化购物环境的重要作用。据统计，店面如能正确运用商品的配置和陈列技术，销售额可以在原有基础上提高10%以上。传统型商店，柜台后面与视线等高的货架位置、磅秤旁、收银机旁、柜台前等都可以作为陈列点。而对于门店或平价商店，与视线等高的货架、顾客出入集中处、货架的中心位置等均是理想的陈列位置。开始促销时，要争取下列位置：商店人流最多的走道中央、货架两端的上面、墙壁货架的转角处、收银台旁。不佳陈列点有：仓库出口处、黑暗的角落、店门口两侧的死角、气味强烈的商品旁。图2-2-6为磁石点应用图示，表2-2-1为磁石点商品配置要求。

（动画）2-7

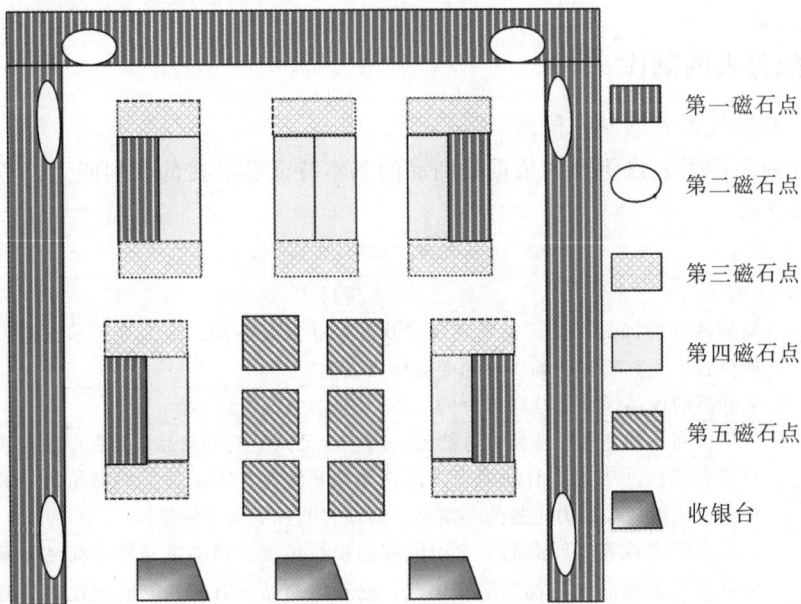

陈列的作用

（思政微课）
2-8

发扬创新
开拓的商业
精神，让生
动的陈列
成为门店的
宣传名片

（视频）2-9

磁石点理论

第一磁石点

第二磁石点

第三磁石点

第四磁石点

第五磁石点

收银台

图 2-2-6　磁石点应用图

（https：//image.baidu.com/search/detail?ct=503316480&z=0&ipn=磁石点理论）

表 2-2-1 磁石点商品配置要求

磁石点	店铺位置	配置要点	配置商品
第一磁石点	位于卖场中主通道的两侧，是顾客的必经之地，是商品销售最主要的位置	具有特殊的位置优势，不必刻意装饰和体现即可达到很好销售效果	主力商品；购买频率高的商品；顾客采购力强的商品
第二磁石点	穿插在第一磁石点中间	有引导消费者走到卖场各个角落的任务，需要突出照明度及陈列装饰	流行商品；色泽鲜艳、容易抓住人们眼球的商品；季节性很强的商品
第三磁石点	位于超市中央陈列货架两头的端架位置	是卖场中顾客接触频率最高的位置，盈利机会大，应重点配置，商品摆放三面朝外	特价商品；高利润商品；厂家促销商品
第四磁石点	卖场中副通道的两侧	重点以单项商品来吸引消费者，需要在陈列方法和促销方式上刻意体现	热销商品；有意大量陈列的商品；广告宣传商品
第五磁石点	位于收银台前方的中间卖场，是非固定卖场	能够引起一定程度的顾客集中，烘托门店气氛，展销主体需要不断变化	用于大型展销、特卖活动或者节日促销商品

（微课）2-10

商品配置表的作用和功能

（表格）2-11

企业商品配置表样例

八、制作商品配置表

每一个商品都应给予一个相对稳定的空间，既主要考虑该商品在商品结构中的地位，又要兼顾考虑商品配置会影响商品的销售效果，更应注意商品的关联性配置对销售效率的影响。扫描左侧二维码，可查看企业商品配置表样例。

知识点 2
商品配置表的制作

一、商品配置表的制作依据

（微课）2-12

商品配置表的制作

制作商品配置表最重要的依据是商品的基本特征及潜在的获利能力，考虑的因素见表 2-2-2。

表 2-2-2 制作商品配置表需考虑的因素

影响因素	表现形式
周转率	高周转率的商品一般都是顾客要寻找的商品如必需品，应放在商品配置表较明显的位置，尤其要与低周转率的商品作以区别
毛利	毛利高的商品通常也是高单价的商品，应放在较明显位置
单价	高单价商品的毛利可能高也可能低，高单价又高毛利的商品应放在明显位置
需求程度	在非重点商品中，具有高需求、高冲动性和随机性需求特征的商品，一般应陈列在明显位置。销售力越强的必需品，给顾客的视觉效果应越好
空间分配	运用高需求或高周转商品来牵引顾客的视线焦点，纵横贯穿整个商品配置表；避免将高需求商品放在视线第一焦点，除非该商品具有高毛利的特性；高毛利且具有较大销售潜力的商品，应摆在主要视线焦点区内；潜在的销售业绩越大的商品，越应该给予最多的排面

二、商品配置表的制作程序

商品配置表的制作一般可以分为以下九个步骤：

步骤一：根据商圈调查及消费者的需求，确定店铺的最佳经营范围，即对商品的构成予以确定。

步骤二：根据营业面积分配大类商品的经营配置图。

步骤三：将部门中的每一个中分类安排到中分类的配置表中。

步骤四：收集中分类配置表中可能经营的单品品项，并将商圈调查及顾客需求作为商品选择的依据。

步骤五：确定商品品项后，根据市场调查得来的商品畅销度和附近竞争店的商品结构作一个综合比较，初步形成商品配置的设想。

步骤六：将初步设想落实到货架上，实地绘制商品配置表。

步骤七：将商品配置表落实到店铺经营中，按表执行商品的上架陈列。

步骤八：按照实际的经营状况，对商品配置表进行变更或修正。

步骤九：定期对商品配置表进行修正、调整。已进入正常经营的店铺的商品配置也不能一成不变地执行下去，要根据经营状况定期一个月或者一个季度小变动一次，一年大变动一次，从而确保店铺具有活力，增加店铺的新鲜感。

总体来说，店铺内有效、合理的商品陈列离不开全面、标准的商品配置表的指导。门店商品配置表样表如图2-2-7所示。

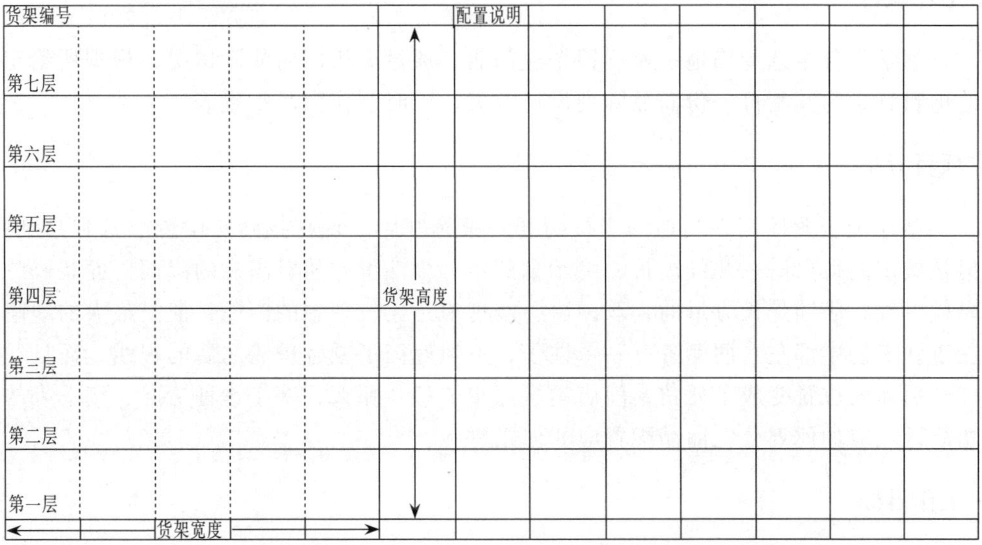

图2-2-7　门店商品配置表样表

三、商品配置表的修正

任何一家新开的连锁门店，商品配置并不是永久不变的，必须根据市场和商品的变化作出调整，这种调整就是对原来的商品配置表进行修正。商品配置表的修正一般是固定在一定的时间来进行，可以是一个月、一个季度修正一次，但不宜随意进行修正，因为随意进行修正会出现商品配置凌乱和不易控制的现象。商品配置表的修正可按如下步骤进行：

（一）统计商品的销售情况

连锁企业必须对下属门店每月商品的销售情况进行统计分析。现代连锁企业都配有 POS 系统，它会根据商品的进货量和库存量很快统计出商品的销售情况。统计的目的是要找出哪些商品是畅销商品、哪些商品是滞销商品。

（二）滞销商品的淘汰

经销售统计可确定滞销商品，但商品滞销的原因很多，可能是商品质量问题，也可能是商品的定价不当、商品陈列的位置不理想，或是受到销售淡季的影响，更有可能是某些供应商的促销配合不够好等。当弄清楚商品滞销的真正原因以后，要确定该滞销商品的情况是否可以改善，如无法进行改善就必须坚决淘汰，不能让滞销商品占住货架而不产生效益。

（三）畅销商品的调整和新商品的导入

调整畅销商品：一是适当增加其陈列的排面；二是调整其卖场位置及在货架上的段位。对由于淘汰滞销商品空出的货架排面，连锁企业应导入新商品，以保证货架陈列的充实量。

················○ 职业技能操练

工作项目

请学生分组选择当地一家连锁企业门店，通过分析门店实际情况，根据所给定的项目背景为其制订一份商品陈列设计方案，同时制作商品配置表。

项目背景

某连锁企业计划在当地的步行街开一家旗舰店。现在找到的位置非常难拿到，但是费用高得离谱。几经周折，终于拿到了一个性价比相对满意的门面。而装修的时候发现，店铺是长方形的，双橱窗，按理说是比较理想的门面，但是最大的缺陷在于在卖场中部左右两侧各有一个柱子，不但遮挡了顾客进店之后的视线，而且让柱子后面的位置变成了死角，门店运营部犯了愁。那么，基于这种情况，接下来的功能区域应如何划分？商品配置应如何跟进呢？

工作目标

●确定该店的商品陈列设计方案
●制作该店的商品配置表

工作计划

请将该门店商品陈列设计方案计划填入表 2-2-3。

表 2-2-3 门店商品陈列设计方案计划

工作要点	计划描述
店铺陈列目标分析	
店铺品牌定位分析	
店铺产品定位分析	
店铺陈列道具分析	
店铺空间环境分析	
店铺陈列核心分析	
店铺陈列点位分析	
制作商品配置表	

| 工作实施

步骤一：店铺陈列目标分析

[基础任务] 通过实际调研了解该企业门店的经营理念及营业目标，分析该店的陈列目标。

经营理念：＿＿＿＿＿＿＿＿＿＿＿＿＿＿＿＿＿＿＿＿＿＿＿＿＿＿＿＿＿＿
＿＿＿＿＿＿＿＿＿＿＿＿＿＿＿＿＿＿＿＿＿＿＿＿＿＿＿＿＿＿＿＿＿＿＿＿
＿＿＿＿＿＿＿＿＿＿＿＿＿＿＿＿＿＿＿＿＿＿＿＿＿＿＿＿＿＿＿＿＿＿＿＿

陈列目标：＿＿＿＿＿＿＿＿＿＿＿＿＿＿＿＿＿＿＿＿＿＿＿＿＿＿＿＿＿＿
＿＿＿＿＿＿＿＿＿＿＿＿＿＿＿＿＿＿＿＿＿＿＿＿＿＿＿＿＿＿＿＿＿＿＿＿
＿＿＿＿＿＿＿＿＿＿＿＿＿＿＿＿＿＿＿＿＿＿＿＿＿＿＿＿＿＿＿＿＿＿＿＿

步骤二：店铺品牌定位分析

[基础任务] 调研分析该企业门店的品牌定位，根据品牌定位大致设计符合品牌定位的陈列草图。

品牌定位：＿＿＿＿＿＿＿＿＿＿＿＿＿＿＿＿＿＿＿＿＿＿＿＿＿＿＿＿＿＿
＿＿＿＿＿＿＿＿＿＿＿＿＿＿＿＿＿＿＿＿＿＿＿＿＿＿＿＿＿＿＿＿＿＿＿＿
＿＿＿＿＿＿＿＿＿＿＿＿＿＿＿＿＿＿＿＿＿＿＿＿＿＿＿＿＿＿＿＿＿＿＿＿

陈列草图：＿＿＿＿＿＿＿＿＿＿＿＿＿＿＿＿＿＿＿＿＿＿＿＿＿＿＿＿＿＿
＿＿＿＿＿＿＿＿＿＿＿＿＿＿＿＿＿＿＿＿＿＿＿＿＿＿＿＿＿＿＿＿＿＿＿＿
＿＿＿＿＿＿＿＿＿＿＿＿＿＿＿＿＿＿＿＿＿＿＿＿＿＿＿＿＿＿＿＿＿＿＿＿

步骤三：店铺产品定位分析

[基础任务] 通过调研走访获取信息，对该门店的产品种类、品质、规格等进

行分析，根据产品定位，大致设计符合产品形象的陈列草图。

产品定位：_____

_____

_____

陈列草图：_____

_____

_____

步骤四：店铺陈列道具分析

［基础任务］对该店的陈列道具进行分析，分析其是否符合产品形象，是否能体现产品价值，提出改进建议。

道具分析：_____

_____

_____

改进建议：_____

_____

_____

步骤五：店铺空间环境分析

［基础任务］合理规划空间环境，必须对店铺周边环境进行有效评估。通过分析数据，可以知道店铺的消费客群及其逛街的习惯和次数，研究出店铺陈列和橱窗陈列的更换周期，从而在货品陈列时更有目的性地展示货品。

消费客群逛街及店铺、橱窗陈列分析：_____

_____

_____

店铺周边环境分析：_____

_____

_____

［进阶任务］根据店铺环境要素分析结果，进行空间环境规划。

出入口规划：_____

_____

_____

内外形象设计：_____

_____

_____

_____

动线规划：_____

_____

_____

照明、色彩等规划：_____

_____

_____

步骤六：店铺陈列核心分析

[基础任务] 分析店铺主力商品、辅助商品和关联商品的结构，有效规划区域分配。基于了解卖场的动线设计和通道设计，清晰划分店铺区位，充分利用各位置的特点进行差异化的商品配置。

商品结构分析：_____

_____

_____

确定店铺商品经营核心：_____

_____

_____

根据商品角色进行店铺区域划分：_____

_____

_____

_____

步骤七：店铺陈列点位分析

[基础任务] 根据消费者购买决策树分析和磁石理论，合理安排商品点位，引导顾客购物。

顾客购买决策树分析：_____

_____

_____

_____

根据店铺区域规划确定五个磁石点：_____

_____

_____

_____

　　结合商品角色安排商品点位，画出磁石配置草图：＿＿＿＿＿＿＿＿＿＿＿＿
＿＿＿＿＿＿＿＿＿＿＿＿＿＿＿＿＿＿＿＿＿＿＿＿＿＿＿＿＿＿＿＿＿＿＿＿＿＿
＿＿＿＿＿＿＿＿＿＿＿＿＿＿＿＿＿＿＿＿＿＿＿＿＿＿＿＿＿＿＿＿＿＿＿＿＿＿
＿＿＿＿＿＿＿＿＿＿＿＿＿＿＿＿＿＿＿＿＿＿＿＿＿＿＿＿＿＿＿＿＿＿＿＿＿＿

　　步骤八：制作商品配置表
　　[进阶任务] 根据区域规划图和商品点位，制作商品配置表。
　　区域规划图：＿＿＿＿＿＿＿＿＿＿＿＿＿＿＿＿＿＿＿＿＿＿＿＿＿＿＿＿＿
＿＿＿＿＿＿＿＿＿＿＿＿＿＿＿＿＿＿＿＿＿＿＿＿＿＿＿＿＿＿＿＿＿＿＿＿＿＿
＿＿＿＿＿＿＿＿＿＿＿＿＿＿＿＿＿＿＿＿＿＿＿＿＿＿＿＿＿＿＿＿＿＿＿＿＿＿
＿＿＿＿＿＿＿＿＿＿＿＿＿＿＿＿＿＿＿＿＿＿＿＿＿＿＿＿＿＿＿＿＿＿＿＿＿＿

　　商品点位：＿＿＿＿＿＿＿＿＿＿＿＿＿＿＿＿＿＿＿＿＿＿＿＿＿＿＿＿＿＿＿
＿＿＿＿＿＿＿＿＿＿＿＿＿＿＿＿＿＿＿＿＿＿＿＿＿＿＿＿＿＿＿＿＿＿＿＿＿＿
＿＿＿＿＿＿＿＿＿＿＿＿＿＿＿＿＿＿＿＿＿＿＿＿＿＿＿＿＿＿＿＿＿＿＿＿＿＿
＿＿＿＿＿＿＿＿＿＿＿＿＿＿＿＿＿＿＿＿＿＿＿＿＿＿＿＿＿＿＿＿＿＿＿＿＿＿

　　制作商品配置表：＿＿＿＿＿＿＿＿＿＿＿＿＿＿＿＿＿＿＿＿＿＿＿＿＿＿＿＿
＿＿＿＿＿＿＿＿＿＿＿＿＿＿＿＿＿＿＿＿＿＿＿＿＿＿＿＿＿＿＿＿＿＿＿＿＿＿
＿＿＿＿＿＿＿＿＿＿＿＿＿＿＿＿＿＿＿＿＿＿＿＿＿＿＿＿＿＿＿＿＿＿＿＿＿＿
＿＿＿＿＿＿＿＿＿＿＿＿＿＿＿＿＿＿＿＿＿＿＿＿＿＿＿＿＿＿＿＿＿＿＿＿＿＿

◉ 工作项目评价

　　评价方式采用多元化评价，评价主体由学生、小组、教师和企业构成，评价标准、分值及权重如下所示：
　　1.学生对自我在工作活动中的职业核心能力进行自评，将自评结果填入职业核心能力自测表，见表2-2-4。

表2-2-4　　　　　　　　　　职业核心能力自测表
（在□中打√，A通过，B基本通过，C未通过）

职业核心能力	评估标准	自测结果
自我学习	1.能进行时间管理 2.能选择适合自己的学习和工作方式 3.能随时修订计划并进行意外事件处理 4.能将已经学到的东西用于新的工作任务	□A □B □C □A □B □C □A □B □C □A □B □C
信息处理	1.能根据不同需求去搜寻、获取并选择信息 2.能筛选信息并进行信息分类 3.能使用多媒体等手段来展示信息	□A □B □C □A □B □C □A □B □C
数字应用	1.能从不同信息源获取相关信息 2.能依据所给的数据信息作简单计算 3.能用适当方法展示数据信息和计算结果	□A □B □C □A □B □C □A □B □C
与人交流	1.能把握交流的主题、时机和方式 2.能理解对方谈话的内容，准确表达自己的观点 3.能获取信息并反馈信息	□A □B □C □A □B □C □A □B □C

续表

职业核心能力	评估标准	自测结果
与人合作	1.能挖掘合作资源，明确自己在合作中能够起到的作用 2.能同合作者进行有效沟通，理解个性差异及文化差异	□A □B □C □A □B □C
解决问题	1.能说明何时出现问题并指出其主要特征 2.能作出解决问题的计划并组织实施计划 3.能对解决问题的方法适时作出总结和修改	□A □B □C □A □B □C □A □B □C
革新创新	1.能发现事物的不足并提出新的需求 2.能创新性地提出改进事物的意见和具体方法 3.能从多种方案中选择最佳方案并在现有条件下实施	□A □B □C □A □B □C □A □B □C
学生自我打分		

2.学生以小组为单位，对本工作项目的实施过程与结果进行自评，将自评结果填入小组自评表，见表2-2-5。

表2-2-5　　　　　　　　　　小组自评表

评价内容	评价标准	分值（分）	评分（分）
团队建设	团队合作紧密、互帮互助	10	
	工作态度端正、作风严谨	15	
	遵守法律法规和工作准则	10	
工作情况	计划制订周密、组织有序	15	
	按计划、高效率完成工作	20	
	工作成果完整且质量达标	30	
合　计		100	

3.教师就专业操作能力对小组工作过程与结果进行评价，将评价结果填入专业能力测评表，见表2-2-6。

表2-2-6　　　　　　　　　　专业能力测评表

（在□中打√，A掌握，B基本掌握，C未掌握）

业务能力	评价指标	自测结果	备注
认识商品陈列步骤	1.熟悉商品陈列步骤 2.掌握商品陈列各步骤中的注意事项	□A □B □C □A □B □C	
制作商品配置表	1.熟悉商品配置表的作用及功能 2.掌握制作商品配置表的步骤	□A □B □C □A □B □C	
教师评语：			
教师打分		教师签字	

4.企业对小组工作过程与结果进行评价，将结果填入企业评价表，见表2-2-7。

表2-2-7　　　　　　　　　　　企业评价表

关键考核指标	分值（分）	得分（分）
能全面分析店铺及产品定位	40	
能准确确定门店的陈列定位	40	
能合理制订门店商品陈列设计方案	20	
合计	100	

5.根据上述结果填写综合评价表，见表2-2-8。

表2-2-8　　　　　　　　　　　综合评价表

自我评价（10%）	小组自评（10%）	教师评价（50%）	企业评价（30%）	综合评价

工作活动3
商品盘点管理

（动画）2-13

盘点的基本
要求

（音频）2-14

盘点的原则

（思政微课）
2-15

发扬和衷
共济的商业
精神，规范化
盘点作业，
有效降低
门店损耗

◯ 工作活动目标

1.了解商品盘点准备的作用及工作流程。
2.掌握盘点的主要内容及注意事项。
3.学会进行盘点图表的制作。
4.学会盘点准备前期相关工作的计划制订。

◯ 职业工作情境

　　一名合格的理货员，除了做好卖场的商品管理和服务工作外，还应了解盘点知识，熟悉和掌握所管商品的盘点操作。面对琳琅满目的商品和摩肩接踵的顾客，员工忙里忙外，无非是令顾客满意，企业能兴旺昌盛。然而，要知道是盈是亏，光靠每天的报表、每天的业绩是无法准确知道的，有效的办法之一就是盘点。通过盘点，可以确切掌握库存量和损耗，门店依此加以改善，加强管理，可以防微杜渐。

·············· ● 职业知识储备

知识点1
盘点作业的规划

门店人员只有搞清楚盘点作业的目的，才能更好地规划、管理好盘点作业。

盘点主要有两个目的：一是控制库存，以便指导门店日常经营；二是掌握损益，以便了解经营业绩，及时采取措施。表2-3-1介绍了盘点的目的、原则和规划的要点。

表2-3-1　　　　　　　　　盘点的目的、原则和规划的要点

项目		要点
盘点的目的		1.确认过去某一时段的销售状况，针对盘盈或盘亏情况提出相应措施 2.掌握门店存货水平和积压商品的状况，确定商品库存量 3.了解库存水平、商品周转率情况 4.了解商品存放位置及缺货情况 5.发现并清除门店到期商品、残次品和滞销品 6.监督商品管理绩效，加以改善 7.整理环境并清除死角
盘点的原则	真实性	盘点资料必须真实
	准确性	盘点过程要准确无误
	完整性	盘点流程中的区域规划、盘点原始资料、盘点点数都必须完整
	清晰性	责任明确，资料清楚，书写规范，货物堆放整齐
	团队合作	全员参与盘点，各部门有良好合作意识，以大局为重
盘点的规划	盘点方式和时间	1.定期盘点：每年年初提出盘点计划，确定盘点基准日，包括盘点方式和时间如日盘点、月盘点、半年盘点、年终盘点等 2.不定期盘点：在调整价格、改变销售方式、人员调动、发生意外事故、清理仓库等情况下临时进行盘点；一般情况下，盘点之后结果差异大或发生意外才会进行不定期盘点
	盘点作业责任划分	1.总负责人：由店长、会计部门或管理部门人员担任，负责安排盘点人员和具体工作，并从整体上规划和控制盘点工作 2.次要负责人：由会计部门主管担任，负责制作盘点单，汇总报告 3.受盘单位：负责执行盘点工作 4.盘点组：负责拟订盘点执行计划 5.仓储单位：负责规划储区、储位，进行分区盘点
	盘点人员的组成及责任	1.事先做好员工盘点培训 2.根据营业面积确定盘点人数，一般500平方米卖场至少需要6个人进行盘点，作业时分成3个小组同时进行 3.盘点小组在营业过程中进行盘点，如采用盘点机（掌上终端）进行盘点，6人小组每天可盘点1~2家门店，所获资料立即输入电脑进行统计分析 4.制订年度盘点计划，以便事前准备

知识点 2
盘点作业的实施

盘点作业的实施主要分为三个方面：一是盘点前的准备工作；二是盘点中的作业；三是盘点后的处理，见表2-3-2。

表 2-3-2   盘点作业的实施

步骤	要素	注意事项
盘点前的准备工作	提前通知	如果是大型盘点作业，应提前2～3天发出通知，将准确的盘点时间告诉顾客并为送货单位提供协助
	商品整理	在实际盘点开始前两天，门店应该对商品进行整理，以确保盘点作业有序进行；商品整理包括陈列商品整理和库存商品整理
	环境整理	在实际盘点开始前一天，门店做好环境整理工作，包括检查各区域的储存商品陈列位置及编号是否与盘点配置图一致，清除作业现场和卖场死角；准备好盘点设备和工具
	准备盘点配置表	包括卖场设施、后场仓库等，凡是存储或陈列商品的地方，均要标明要点位置，以便区分实施盘点作业
盘点中的作业	初点作业	1.先点仓库，后点卖场，按照从左到右、自上而下的顺序盘点 2.每个货架作为独立盘点单位，使用单独的盘点表，以便按盘点配置图进行统计整理 3.最好两人一组盘点，一人点，一人记 4.盘点时注意商品有效期，过期商品立即取下并作记录
	复点作业	1.复点应该在初点开始一段时间后展开，复点人员必须手持初点人员填写好的盘点表，按照顺序检查 2.复点人员应该先检查盘点配置图与实际现场是否一致，是否有遗漏区域；若使用小贴纸方式，应先观察有无遗漏商品，待复点无误后再将小贴纸取下 3.复点人员必须用红色圆珠笔进行复点
	抽点作业	1.抽点办法可以参照复点办法 2.抽点商品可以选择卖场死角处商品，或者不易清点商品，或者单价高、金额大的商品 3.对复点与初点差异较大的商品要进行实地确认 4.对每小组和负责人的盘点结果，店长要认真检查。检查重点是：每类商品是否都记录到盘点单并盘点出数量和金额；对单价高或数量多的商品，需要复查一遍，做到确实无差错。此外，还要复查劣质商品和破损商品的处理情况
盘点后的处理	及时清理	在确认盘点记录无异常后，及时清扫通道上的垃圾
	补充商品	补充商品，恢复原来的陈列方式，为正常营业做好准备
盘点作业注意事项		1.盘点小组要确认盘点表全部回收，盘点人员须在盘点表上签字 2.自存一份盘点配置图及盘点单，另一份于次日交回财务部 3.财务部收到盘点表单后5日内整理出各类商品盘点汇总表 4.发现残次品或滞销商品，填完统计表后，传回采购部门让其协作处理；残次品经确认无法退货，报请财务部报废 5.盘点后产生的盘盈或盘亏，原则上账面库存必须调整为实际盘点数；但是如果盘盈或盘亏超过2%，则需重新盘点，加以确认 6.为提高盘点准确率，可考虑采用盘点机，但必须增加设备投资

⚬ 职业技能操练

| 工作项目

1.学生调研：学生分组对本地一家连锁卖场门店进行调研，熟悉货架及商品陈列位置。

2.为调研门店绘制卖场盘点配置图（如图2-3-1所示）并编号。

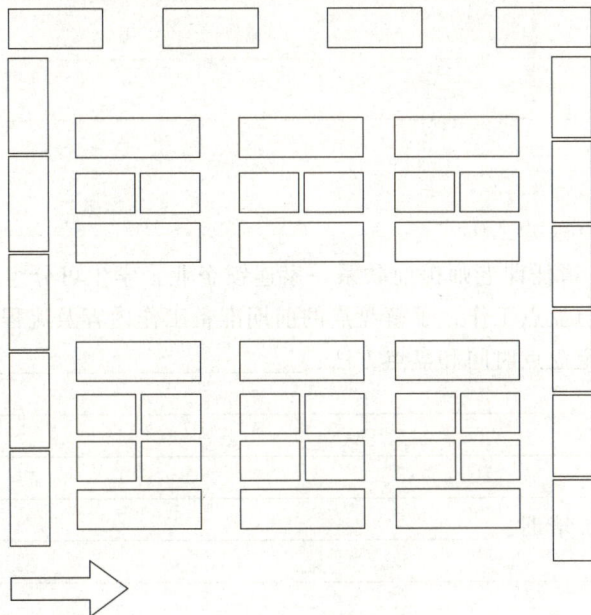

图 2-3-1　卖场盘点配置图

3.实际参与该店盘点工作，了解盘点流程。

| 项目背景

本日是某连锁企业门店月度盘点的日子，店长希望通过盘点可以详细分析过去一个月以来的商品管理状态，计算真实的存货、费用率、毛利率及损耗率，以便能控制存货，指导门店正常经营，同时掌握损益，了解经营业绩，及时采取措施。盘点是一项费时、费力、工作量大的工作，没有充足的准备、严密的操作流程及员工的高度责任心是无法顺利完成的。不仅盘点之前要做好准备工作，盘点过程中也有很多注意事项，盘点后还要对各种不良数据采取应对措施。怎样才能有效管理好盘点？盘点后了解了库存状况又该如何控制库存并做好存货分析呢？

| 工作目标

● 确定连锁企业门店盘点计划方案

● 确定连锁企业门店盘点结果处理

工作计划

将盘点流程计划填入表 2-3-3。

表 2-3-3   盘点流程计划表

工作要点	计划描述
盘点前的工作	
盘点中的工作	
盘点后的工作	

工作实施

步骤一：盘点前的工作

[基础任务] 请任课老师提前联系一家连锁企业，学生可分组前往该连锁企业不同门店学习参与盘点工作，了解盘点的前期准备工作内容及流程。

发布通知确定盘点时间和盘点方法：＿＿＿＿＿＿＿＿＿＿＿＿＿＿＿＿＿＿＿

＿＿＿＿＿＿＿＿＿＿＿＿＿＿＿＿＿＿＿＿＿＿＿＿＿＿＿＿＿＿＿＿＿＿＿＿＿

＿＿＿＿＿＿＿＿＿＿＿＿＿＿＿＿＿＿＿＿＿＿＿＿＿＿＿＿＿＿＿＿＿＿＿＿＿

进行盘点人员培训：＿＿＿＿＿＿＿＿＿＿＿＿＿＿＿＿＿＿＿＿＿＿＿＿＿＿＿

＿＿＿＿＿＿＿＿＿＿＿＿＿＿＿＿＿＿＿＿＿＿＿＿＿＿＿＿＿＿＿＿＿＿＿＿＿

＿＿＿＿＿＿＿＿＿＿＿＿＿＿＿＿＿＿＿＿＿＿＿＿＿＿＿＿＿＿＿＿＿＿＿＿＿

清理盘点场所：＿＿＿＿＿＿＿＿＿＿＿＿＿＿＿＿＿＿＿＿＿＿＿＿＿＿＿＿＿

＿＿＿＿＿＿＿＿＿＿＿＿＿＿＿＿＿＿＿＿＿＿＿＿＿＿＿＿＿＿＿＿＿＿＿＿＿

＿＿＿＿＿＿＿＿＿＿＿＿＿＿＿＿＿＿＿＿＿＿＿＿＿＿＿＿＿＿＿＿＿＿＿＿＿

清理库存资料：＿＿＿＿＿＿＿＿＿＿＿＿＿＿＿＿＿＿＿＿＿＿＿＿＿＿＿＿＿

＿＿＿＿＿＿＿＿＿＿＿＿＿＿＿＿＿＿＿＿＿＿＿＿＿＿＿＿＿＿＿＿＿＿＿＿＿

＿＿＿＿＿＿＿＿＿＿＿＿＿＿＿＿＿＿＿＿＿＿＿＿＿＿＿＿＿＿＿＿＿＿＿＿＿

准备盘点配置图：＿＿＿＿＿＿＿＿＿＿＿＿＿＿＿＿＿＿＿＿＿＿＿＿＿＿＿＿

＿＿＿＿＿＿＿＿＿＿＿＿＿＿＿＿＿＿＿＿＿＿＿＿＿＿＿＿＿＿＿＿＿＿＿＿＿

＿＿＿＿＿＿＿＿＿＿＿＿＿＿＿＿＿＿＿＿＿＿＿＿＿＿＿＿＿＿＿＿＿＿＿＿＿

编制盘点工作日程计划表，见表 2-3-4。

表 2-3-4　　　　　　　　　盘点工作日程计划表

项次	盘点项目内容	预期完成时间/日期	责任人	实际完成时间/日期	责任人签字
1	成立盘点小组				
2	准备盘点工具				
3	划分盘点区域				
4	例会培训（抄表要求/纪律）				
5	确定盘点区域/负责人				
6	抄盘点表				
7	封库存/停止出入库				
8	收缴盘点表				
9	划分库房盘点责任区				
10	库房盘点				
11	库房复盘				
12	库房抽盘				
13	收缴库房盘点表				
14	张贴布告				
15	发放/摆放盘点表				
16	召开动员大会				
17	分配盘点人员				
18	初盘				
19	就餐				
20	协调人员				
21	复盘				
22	抽盘				
23	收缴盘点表				
24	交电脑员录入				
25	整理商品				
26	打扫卫生				
27	录盘点单				
28	复查盘点单				
29	打印差异表				
30	寻找原因				
31	撰写盘点报告、开盘点总结会				
32	修改盘点数量				
33	资料存放				
34	盘点结束				

步骤二：盘点中的工作

［基础任务］根据总部人员安排，学生扮演不同角色，学会初点、复点、抽点操作流程，填写商品盘点表（见表2-3-5）。

初点：＿＿＿＿＿＿＿＿＿＿＿＿＿＿＿＿＿＿＿＿＿＿＿＿＿＿＿＿＿＿＿

＿＿＿＿＿＿＿＿＿＿＿＿＿＿＿＿＿＿＿＿＿＿＿＿＿＿＿＿＿＿＿＿＿＿＿

＿＿＿＿＿＿＿＿＿＿＿＿＿＿＿＿＿＿＿＿＿＿＿＿＿＿＿＿＿＿＿＿＿＿＿

复点：＿＿＿＿＿＿＿＿＿＿＿＿＿＿＿＿＿＿＿＿＿＿＿＿＿＿＿＿＿＿＿

＿＿＿＿＿＿＿＿＿＿＿＿＿＿＿＿＿＿＿＿＿＿＿＿＿＿＿＿＿＿＿＿＿＿＿

＿＿＿＿＿＿＿＿＿＿＿＿＿＿＿＿＿＿＿＿＿＿＿＿＿＿＿＿＿＿＿＿＿＿＿

抽点：＿＿＿＿＿＿＿＿＿＿＿＿＿＿＿＿＿＿＿＿＿＿＿＿＿＿＿＿＿＿＿

＿＿＿＿＿＿＿＿＿＿＿＿＿＿＿＿＿＿＿＿＿＿＿＿＿＿＿＿＿＿＿＿＿＿＿

＿＿＿＿＿＿＿＿＿＿＿＿＿＿＿＿＿＿＿＿＿＿＿＿＿＿＿＿＿＿＿＿＿＿＿

表2-3-5　　　　　　　　　　　　商品盘点表

时间：　　年　月　日

品号	品名	规格	数量	零售价	金额	初点数	复点数	抽点数	差异
初点人签字：		复点人签字：			抽点人签字：				

盘点人员填写盘点表时，须准备红色、蓝色圆珠笔各一支（为区别初盘、复盘、抽盘之用）。如果是营业外盘点，最好能准备小的粘贴纸，以便标识各种商品的清点数量，方便填写盘点表或输入盘点机，从而检查是否有漏盘商品，此外还可供复盘时核对。填写时要注意盘点表一式两联，要求上下对齐，字迹工整清晰，如要涂改则划去另起一行书写；商品要按区填写，如食品、非食品不能写在同一张盘点表上；所有商品一律按进价盘点，如不明进价，则在备注栏填写售价。

步骤三：盘点后的工作

［基础任务］通过企业导师指导，学会盘点数据异常的处理流程和方法。

及时清理现场：＿＿＿＿＿＿＿＿＿＿＿＿＿＿＿＿＿＿＿＿＿＿＿＿＿

＿＿＿＿＿＿＿＿＿＿＿＿＿＿＿＿＿＿＿＿＿＿＿＿＿＿＿＿＿＿＿＿＿＿＿

＿＿＿＿＿＿＿＿＿＿＿＿＿＿＿＿＿＿＿＿＿＿＿＿＿＿＿＿＿＿＿＿＿＿＿

＿＿＿＿＿＿＿＿＿＿＿＿＿＿＿＿＿＿＿＿＿＿＿＿＿＿＿＿＿＿＿＿＿＿＿

查清差异原因：＿＿＿＿＿＿＿＿＿＿＿＿＿＿＿＿＿＿＿＿＿＿＿＿＿

_____

_____

_____

　　处理盘点结果：_____

_____

_____

_____

○ 工作项目评价

　　评价方式采用多元化评价，评价主体由学生、小组、教师和企业构成，评价标准、分值及权重如下所示：

　　1.学生对自我在工作活动中的职业核心能力进行自评，将自评结果填入职业核心能力自测表，见表2-3-6。

表2-3-6　　　　　　　　　　职业核心能力自测表

（在□中打√，A通过，B基本通过，C未通过）

职业核心能力	评估标准	自测结果
自我学习	1.能进行时间管理	□A □B □C
	2.能选择适合自己的学习和工作方式	□A □B □C
	3.能随时修订计划并进行意外事件处理	□A □B □C
	4.能将已经学到的东西用于新的工作任务	□A □B □C
信息处理	1.能根据不同需求去搜寻、获取并选择信息	□A □B □C
	2.能筛选信息并进行信息分类	□A □B □C
	3.能使用多媒体等手段来展示信息	□A □B □C
数字应用	1.能从不同信息源获取相关信息	□A □B □C
	2.能依据所给的数据信息作简单计算	□A □B □C
	3.能用适当方法展示数据信息和计算结果	□A □B □C
与人交流	1.能把握交流的主题、时机和方式	□A □B □C
	2.能理解对方谈话的内容，准确表达自己的观点	□A □B □C
	3.能获取信息并反馈信息	□A □B □C
与人合作	1.能挖掘合作资源，明确自己在合作中能够起到的作用	□A □B □C
	2.能同合作者进行有效沟通，理解个性差异及文化差异	□A □B □C
解决问题	1.能说明何时出现问题并指出其主要特征	□A □B □C
	2.能作出解决问题的计划并组织实施计划	□A □B □C
	3.能对解决问题的方法适时作出总结和修改	□A □B □C
革新创新	1.能发现事物的不足并提出新的需求	□A □B □C
	2.能创新性地提出改进事物的意见和具体方法	□A □B □C
	3.能从多种方案中选择最佳方案并在现有条件下实施	□A □B □C
学生自我打分		

　　2.学生以小组为单位，对本工作项目实施过程与结果进行自评，将自评结果填入小组自评表，见表2-3-7。

表 2-3-7 小组自评表

评价内容	评价标准	分值（分）	评分（分）
团队建设	团队合作紧密、互帮互助	10	
	工作态度端正、作风严谨	15	
	遵守法律法规和工作准则	10	
工作情况	计划制订周密、组织有序	15	
	按计划、高效率完成工作	20	
	工作成果完整且质量达标	30	
合计		100	

3.教师就专业操作能力对小组工作过程与结果进行评价，将评价结果填入专业能力测评表，见表 2-3-8。

表 2-3-8 专业能力测评表

（在□中打√，A掌握，B基本掌握，C未掌握）

业务能力	评价指标	自测结果	备注
盘点前的准备	1.确定盘点方式及时间，划分盘点作业责任，落实盘点人员及职责	□A □B □C	
	2.按要求准备盘点工具	□A □B □C	
	3.做好商品整理、环境整理和单据整理，准备盘点配置图	□A □B □C	
盘点中作业	1.两人为一小组填写盘点表，做好商品有效期检查	□A □B □C	
	2.计算复查差异，检查盘点遗漏区域	□A □B □C	
	3.确定重点商品作抽查	□A □B □C	
盘点后处理	1.能根据盘点结果调整实际盘点数	□A □B □C	
	2.对盘点发现的残次品和滞销品作正确处理	□A □B □C	
	3.盘点后清洁通道、补充商品，恢复陈列，为营业作准备	□A □B □C	
教师评语：			
教师打分		教师签字	

4.企业对小组工作过程与结果进行评价，将结果填入企业评价表，见表 2-3-9。

表 2-3-9 企业评价表

关键考核指标	分值（分）	得分（分）
能全面参与店铺的盘点工作	40	
能准确把握门店盘点注意事项	40	
能合理处理盘点异常情况	20	
合计	100	

5.根据上述结果填写综合评价表，见表2-3-10。

表2-3-10　　　　　　　　　　综合评价表

自我评价（10%）	小组自评（10%）	教师评价（50%）	企业评价（30%）	综合评价

工作活动4
商品促销管理

◯ 工作活动目标

1.能编制并实施促销计划。
2.掌握门店促销活动的策划实施。
3.能对促销进行有效评估，总结促销经验，提出促销整改意见。

（动画）2-16

商品促销管理

◯ 职业工作情境

　　李剑最近刚晋升为某门店店长。新官上任三把火，李店长希望通过大力促销来提升门店的营业额。李店长附近的门店最近推出了鸡蛋3.4元/500克的惊爆价，比起市价4.0元/500克，显然具有诱惑力，吸引走了李店长门店的不少生意。李店长为应对竞争并吸引客流，跟风推出鸡蛋3.3元/500克。但非常遗憾，李店长这一举措并没有给门店带来更多客源。这样做的唯一结果，就是每500克比对手多亏了1毛钱。在顾客的认知中，竞争对手的价格，比市价足足低了0.6元钱，非常惊爆；而当李店长在对手后面跟进，由于订货、宣传等工作造成的时间差，当信息传达到顾客的时候，顾客会认为其价格比对手只便宜了0.1元钱，相差不大。经验不足的李店长因此栽了跟头，也没能树立威信。其实，促销有着很大的学问，恶性的价格战只会搞得门店元气大伤。激烈的市场竞争使得促销的重要性日趋突显，促销已经成为提高消费者对品牌的关注程度、促进销售增长的关键性工具。然而，在促销同质化的大背景下，促销的创新已经越来越困难了，事前的管理控制和执行力的提高将成为新的竞争焦点。促销活动的策划、执行、评估三个阶段形成一个有机的系统。

（微课）2-17
了解顾客
需求的方法

（微课）2-18
准顾客资格
分析

● 职业知识储备

知识点1
促销活动策划

促销活动策划包括促销市场调研、确定促销目标、制定促销预算、制订促销实施方案等一系列内容。

一、促销市场调研

为了使促销活动达到预期的目的，在促销活动开始前，针对促销商品，门店需要进行市场调研。门店商品促销市场调研的方式很多，常用的有以下几种：

（一）典型调查

根据不同的个体中存在的共同点将事物分为不同的类别，再对该类中具有代表性的对象进行调查的方式叫典型调查。典型调查的结果大致能够代表这一类对象的情况，进而推及一般，就大大缩小了调查的范围，不仅减少了调查时人力、物力和财力的投入，而且节省了时间。但典型调查不够准确，因此，一般用于调查样本不大而调查者又对总体情况比较了解，并且能比较准确地选择出有代表性调查对象的情况。

（二）抽样调查

从整体中抽取具有一定代表性的样本进行调查的方式叫抽样调查。这种方法最适用于连锁门店的商品促销调查，因为它能够从个别推断整体，具有较高的准确度。等距离抽样、随机抽样、非随机抽样是抽样调查的三种具体方式。

（三）问卷调查

以问卷的形式对顾客进行书面调查的方式叫问卷调查。问卷调查多用来收集用其他方法难以获得的信息，不受时间、地点的限制，能够在较大的范围内进行，因而是最实用的一种调研方法。

（四）当面谈话

派遣调查员与消费者进行面对面的谈话调查，了解消费者的实际需求，为门店的商品促销活动获取各方面信息的方式叫当面谈话。这种方式易于了解顾客的动机，激发谈话者的感染力，节省时间和金钱，并且能够获取更加可靠的信息。但是，它也有许多不足之处。比如说，要求投入的人力、物力较多；仅采访个别消费者，不具有代表性，不易打开交谈局面，不便于深入探究原因；部分消费者没有机会发表自己的意见等，这些不足使门店采用当面谈话很难了解到全面的信息。

二、确定促销目标

顾名思义，门店的促销目标就是通过各种有效的促销工具通知、劝说和提醒顾客，从而增加销量，提高业绩。常见的促销目标可根据顾客认知情况归纳为：使顾客获得最初的消费认知、提高顾客的兴趣、提高在顾客心目中的购买地位、赢得顾客关注、消除产品不良印象、加深现有印象、提高回购率及忠诚度、抵消其他竞争对手的影响力等。

在确定某项促销活动的具体目标时，管理者必须确定以上目标中哪些是最重要的。由于每一个具体的促销目标与不同的促销方式相对应，门店在开展实施每次促销活动之前，有必要清楚地阐明并确定自己的目标，以选择促销类型、媒体及所要传递的信息。目标必须尽可能准确地被描述，如增加商店销售额就不是一个明确的目标，将销售额增加20%这样的目标才是有指导意义的、定量的、可测的。只有确立了这样的目标，门店才能设计精准的促销计划，并且评估其成功的可能性。

三、制定促销预算

（一）量力而行法

这是指门店在自身财力允许的范围内确定预算。门店用这种方法确定促销预算，首先要预测周期内的销售额，计算各种支出和利润，然后确定能拿出多少钱作为促销费用。这是最保守的预算方法，完全不考虑促销作为一种投资以及促销对销量的直接影响。如果商店的销售额不理想，那么促销就会被视为可有可无。这种方法导致年度预算具有不确定性，从而也使长期促销目标难以实现。小型的、保守的零售门店主要使用这种方法。

（二）销售百分比法（营业比例法）

销售百分比法即根据年度营业目标的一定比例来确定促销费用，再根据每月的营业目标分摊。这种方法有许多好处：第一，容易确定，易控制，可以调整并将促销与销售额联系起来。第二，它能激发管理层努力协调促销成本、销售价格和单位利润这三者之间的关系，并且在此基础上考虑企业的运作，因此在一定程度上能增强竞争的稳定性，因为各个竞争企业基本上是将占销量的百分比相同的费用用于促销。这种方法的缺陷在于没有将促销与销售的关系厘清，反而因果倒置，视促销为销售额的结果，这样会导致由资金到位水平而不是由市场机会去确定预算，没有考虑每次促销活动的实际需要。这种方法方便、快捷、便于控制，但是缺乏弹性，未能考虑促销活动的实际需求，会影响促销成效。

（三）逐案累积法

逐案累积法即按照促销目的和任务设定促销活动，再据此确定一年所计划举办的促销活动数量和每一次促销活动需要的具体金额，最后逐案累计需求经费。这样以促销活动为主导，可充分突出促销重点。但是，这种促销方法的费用支出较大且不易控制，若不能达到预期效果，则会直接影响营业收益。

（四）同业类比法

这是指连锁门店根据竞争者的行动来增加或减少预算。也就是说，门店确定促销预算是为了取得与竞争对手对等的发言权。若某一区域的领先商店将其促销费用增加10%，则该区域的竞争者也作出相应的调整。采用这种方法的营销人员相信，只要在促销中与竞争对手的花费占各自销售量的百分比相等，就会保持原有的市场份额。这种方法依据这样的假设：一是竞争对手的费用代表该行业的整体水平；二是保持竞争均势可以避免促销战的发生。其实，这种观点是不正确的。因为我们没有理由认为竞争者更清楚应在促销上花多少钱，即使它是行业领先者。各个企业的商誉、资源、机会以及目标差别极大，所以不能以其他企业的促销预算作为标准。

而且，也没有什么证据表明依据同业类比法制定的预算会缓解促销战的爆发。

另外，现在许多商家的促销活动，其费用已不是仅由商家自己承担，供应商也会积极配合，分担一部分费用。因此，商店在拟订促销计划时，要注意将厂商的促销活动纳入自己的促销活动中，以尽量节省促销费用。例如，在样品和赠品上印上厂商的商标，厂商愿意自行负担商品费用；在举办试吃活动时选择一家厂商的商品，一般厂商也愿意承担试吃费用、人员推广和设备费用等；与厂商合作进行广告促销，也能受到厂商的欢迎。

四、制订促销实施方案

（一）确定促销主题

现在，许多门店举办促销活动之前往往会寻找一个"借口"或称促销主题，以便促销更容易赢得顾客的好感，使顾客了解门店促销的原因。大多数商店会借助节日开展促销活动。当然，门店也可以别出心裁，选择一些其他门店没有使用过的主题，一下子吸引顾客的眼球。促销主题往往具有画龙点睛的震撼效果，因此必须针对整个促销内容确定具有吸引力的促销主题。

（二）选择促销时机

大多数的消费者属于冲动购买型，他们的购买计划往往体现在购买次数和时间选择方面，而对于购买性能，往往考虑很少。因此，如何在特定时期或时段，配合不同的季节、月份、天气、日期、节日、气温等，安排促销活动，刺激消费者购买需求，影响消费者购买习惯，是门店经理设计促销计划时应该考虑的问题。门店经理在选择促销时机时应注意以下几点：

1.季节

季节变换是自然现象，四季的划分又因地理位置的不同而有所差异，低纬度或高纬度地区四季变化不太明显，一般只分寒暖两季，每季的时间长短也不相同。如果连锁门店经理能把握住当地的气候特性，掌握消费者需求，进而搭配合适的促销活动，就能让促销额更上一层楼。

2.淡旺季

消费者的购买行为呈现明显的淡季、旺季之分，如何在淡季做好促销工作对门店盈利有很大影响。为使淡季不淡，连锁门店的促销活动要能针对营业淡季的特点，提出有创意的促销点子，刺激消费者的需求，而不只是一味地追求商品特卖，从而有助于业绩的提升。而在需求旺季也应该做好促销活动，吸引消费者买得更多，以弥补淡季的不足。

3.天气

连锁门店营业额的高低与天气好坏有着十分密切的联系，一旦遇到不好的天气，消费者就少，销售额往往会减少5%。因此在天气状况不稳定时，如何为消费者提供合适的商品并适时配以舒适的购物环境，也是促销计划中应考虑的因素。

4.日期

受购买力与购买习惯的影响，一般来说，消费者在月初的购买力比月底强，而周末的购买量又比平日强，所以，门店促销活动受日期的影响也不小。比如说，在双休日，消费者的闲暇时间很多，就会有时间休闲和消费，这时就要加大促销的力度来吸引消费者，而平时则以省时、省力为重点。

5.节日

连锁门店创造营业额的最佳时机应该算是各个重要的节日，各连锁门店要把握商机，创造绩效。因此，节日的促销计划属于门店促销方案应该重点考虑的内容。我国的节日大体上可以分为两类：一是法定假日，如元旦、春节、劳动节、国庆节、清明节、端午节、中秋节等；二是民俗节令，如腊八节、元宵节等。善于利用节假日作促销，是现代门店促销活动中的一大亮点。

6.气温

连锁门店中各类商品的销售受气温的影响也很大：气温低，火锅、冷冻食品类商品销售便明显上升；气温高，饮料、冰冻类商品的销售量立即提高。如果门店能根据气温的高低变化趋势，适时推出促销商品及活动，必能有助于提升销售业绩。

（动画）2-19

选择促销商品注意事项

（三）选择促销商品

对于零售商店而言，顾客来商店主要是为了购买商品，因此，任何促销活动的目的都离不开商品销售量的增加。同时，选择什么商品作为促销载体也成了门店促销活动的关键。促销商品是否对顾客有吸引力，价格是否有震撼力，都将直接导致促销活动的成败。门店选择促销商品时，既可以选择一些敏感性的商品，又可以选择一些不太敏感的商品组成促销商品组合。这就需要根据季节的变化、商品销售排行榜、厂商的配合度、竞争对手的状况等来加以衡量，选择最适合的促销商品。一般地，主要的促销商品必须具有以下特征：第一，知名的制造企业的著名品牌或者国际品牌；第二，既与知名品牌商品有相同功效又具有价格优势的商品；第三，其他商店非常畅销的、为消费者所瞩目且熟悉其价格的商品。

（四）进行促销宣传

连锁门店虽然策划了一项大型促销活动，但目标顾客如果蒙在鼓里就毫无效果，因而尽可能让顾客知晓促销内容是十分必要的。促销宣传主要有媒体广告、直邮广告、卖场海报、人员宣传、派发传单等。其实，消费者在购物之前就已经有大致的购买计划，"投递到家中的邮报"为购物者最优先考虑的获取促销信息的途径。然而，与年长者偏好邮报相比，年轻人更倾向于从网络和App中得到促销信息。可见，采用什么样的促销宣传方式对促销目的的达成有重要影响。

（思政微课）2-20

发扬开放进取的商业精神，实施完美有效的门店促销活动

（五）选择促销方式

连锁门店可以选用的具体促销方式有很多。促销活动林林总总，门店只有选择合适的促销手段和方式，才能避免走进纯粹的价格促销循环。促销手段各有其特点和适用范围，在选择促销工具时要考虑如下因素：促销目标、门店类型及竞争环境、费用预算等。

知识点2
促销活动实施

一项促销活动若要成功，除了有周密的计划、正确的宣传媒体以及能打动顾客

的诉求主题与促销商品外，最重要的因素还在于门店各岗位的执行配合，使促销活动气氛活跃、现场热闹。因此，实施促销活动要注意以下方面：

一、人员方面

制定有效的措施和程序，加强对促销人员的培训，是连锁门店促销的首要问题。如果促销人员的业务素质不高，将给企业的促销带来浪费，而且普通促销人员和高效率促销人员在业务水平上也有很大的差异，这将极大地影响促销活动的效果。一个成功的促销人员能顺利地实现自身与消费者间的沟通，这需要自身具有多方面的素质，其中包括：

（一）服务意识

消费者是促销人员最应重视的公众对象，因为消费者是产品和服务的最终接受者，促销员作为沟通生产者与消费者的中介环节，必然要以满足消费者的需要作为自身工作的宗旨。促销人员应该能时时处处为消费者的利益着想，努力满足消费者提出的各种要求，创造条件来为消费者服务。

（二）运筹能力

促销员应具备能将事先制订的周密活动计划与工作步骤认真地执行下去的能力和善于协调各方面的往来关系的能力以及把握好消费者的不同心态的能力，并能准备好应急方案与应变措施。

（三）应对能力

促销活动在实施过程中并非都是一帆风顺，有顺利发展的时候，也有遇到风险和低谷的时候，因此，促销人员在促销工作中还要机警灵敏，能够及时处理突发事件。突发事件的处理，直接关系到促销活动能否顺利摆脱僵局，完成交易。灵活应变能力要求促销人员在促销活动顺利进行时，能保持促销工作走上更高一层的新台阶；在遇到障碍之时，能保持清醒冷静的头脑，能及时寻求到解脱的对策；受到损害时，则能临危不惧，尽快找到补救措施而不影响全局。

（四）熟练的业务能力

促销人员只有在熟悉所促销商品的情况下，才能更好地将商品的优点、品质呈现在消费者面前，从而达到促销目的。如果促销员对商品不了解，是无法说服消费者购买的。因此，培训促销员对所促销商品的熟练程度在很大程度上有助于商品销售。

二、商品方面

在商品方面，管理者要注意以下四点：

第一，要准确预测促销商品的销售量并提前进货，促销商品必须充足，以免缺货造成顾客抱怨及丧失促销机会。

第二，促销商品价格必须及时调整，以免使顾客产生被欺骗的感觉及影响收银工作的正常进行。

第三，新产品促销应配合试吃、示范等方式，以吸引顾客消费，以免顾客缺乏信心不敢购买。

第四，商品陈列必须正确且能吸引人，除了应该在促销活动中必须做的各种端架陈列和堆头陈列外，还要对陈列作一些调整，以配合促销获得达到最佳效果。如促销商品和高毛利非促销商品必须有效组合、关联陈列，以提高顾客对非促销商品的关注。

三、宣传方面

确认广告宣传单均已发放完毕，以免留置在卖场中而逾期作废。另外，广告海报、宣传布条等应张贴于最佳位置，如入口处或布告栏上，以吸引顾客入内采购。特别是特卖品的POP广告，应放置在正确位置，价格标识应醒目，以吸引顾客购买。

四、卖场氛围布置

卖场氛围可以根据促销活动有针对性地布置，应张挂各种季节性、商品说明性、气氛性的海报、旗帜、气球等物品，以增加促销气氛，同时应辅之以各类灯具、垫子、隔物板、模型等用品，以便更好地衬托商品，刺激顾客的购物兴趣。适当的时候，还可以播放轻松愉快的背景音乐，使顾客感觉更舒适。必要的话，也可以适当安排专人在卖场直接促销商品。

知识点3
促销效果评估

为使每次组织的促销活动都有新的收获，连锁门店一般都要在促销活动结束后对上次促销活动进行总结，以便不断提高水平。

一、选择促销评估方式

促销评估方式很多，常见的有以下三种：

（一）前后比较法

选取开展促销活动的不同时段（之前、中间、之后）的销售量进行比较，通过比较结果来判断促销的成功与否，一般会出现十分成功、得不偿失、适得其反等几种情况。其中，十分成功是指在采取促销活动后，销售量明显增长，取得了预期的效果；得不偿失则刚好相反，是指促销活动的开展，对门店的经营、营业额的提升不仅没有任何帮助，还浪费了促销费用；适得其反，是指由于促销活动中管理混乱、设计安排不当、关键事项处理不当，或是出现了一些意外情况等原因，损伤了门店自身的美誉度，结果导致促销活动结束后，门店的销售额不升反降。

通过前后比较法，能直接看出促销所产生的效果，这一方法是判断促销成功与否的最直观依据。

（二）观察法

观察法主要是通过观察促销主题配合度、促销创意与目标销售额之间的差距、促销商品选择的正确与否来评价促销活动。这种方法简便易行，而且十分直观。

其中，观察促销主题配合度是指促销主题是否针对整个促销活动的内容：促销内容、方式、口号是否富有新意和吸引力，是否抓住了消费者的需求和市场的卖点。观察促销创意与目标销售额之间的差距，是指促销创意是否偏离预期目标销售额。另外，促销创意如果过于沉闷、陈旧，缺乏创造力、想象力和吸引力，也会影响促销所要达到的效果。观察促销商品选择的正确与否，是指促销商品能否反映门店的经营特色、促销商品是否是消费者真正需要的商品，它决定了促销活动能否为门店增添实际利益，也决定了促销活动能否帮助门店处理积压商品。

（三）调查法

消费者是促销的最终服务对象，他们的意见最能体现出促销效果，因此，门店促销效果取决于消费者参与促销活动人数的多少、满意程度的高低。一般来说，效果好的促销活动，消费者参与度与满意度都比较高。

对于消费者满意度的调查，可以组织有关人员抽取合适的消费者样本进行，了解促销活动的效果。这一项目主要评估消费者参与促销的踊跃程度、事后有多少消费者记得促销活动、消费者对促销活动有何评价、是否从中得到了好处，促销活动对消费者今后的购物选择是否有影响等。

二、促销评估内容

进行评估时应考虑以下问题：

第一，供应商对门店促销活动的配合是否恰当、及时，能否主动参与，并为门店分担部分促销费用和降价损失。

第二，在促销期间，供应商能否及时供货，数量是否充足。

第三，在商品采购合同中，供应商尤其是大供应商是否作出促销承诺，切实落实促销期间供应商的义务及配合度等相关事宜。

第四，门店还应对自身运行状况进行评估，包括对配送中心和自身运行状况的评估。对配送中心运行状况评估，着重考察配送中心送货是否及时；在由门店配送中心实行配送的过程中，是否注意预留库位、合理组织运力、分配各分店促销商品的数量等。

第五，评估分店的促销，主要评估分店对总部促销计划的执行程度，是否按照总部促销计划操作：促销商品在各分店中的陈列方式及数量是否符合各分店的实际情况：促销活动期间，总部对各门店促销活动的协调、控制及配合程序是否恰当。

第六，总部对促销的计划制订是否准确，安排的促销时间、选择的促销活动的主题内容是否正确等也要进行评估。

·················○ 职业技能操练

| 工作项目

请各学生小组选择当地一家连锁企业，根据项目背景给定要求为其设计一份促销方案。

项目背景

店长应将门店日常经营中反馈回来的商品信息，以及带有共性的影响销售的客观因素加以综合分析，慎重考虑和周密计划之后，制订统一的促销方案去具体实施。李剑担任店长的这家门店经营了近10个年头。近10年来，门店经过多次装修，扩大经营面积至200平方米，商品种类日益丰富，但同时周边的竞争也日趋激烈。李店长想通过10周年店庆搞一系列的促销活动，一方面稳固老顾客，另一方面扩大影响力，吸引更多的新顾客到店消费。李店长要如何操作此次促销活动，编制并实施促销方案呢？

工作目标

◉ 制订门店周年庆促销方案

工作计划

请将门店周年庆促销方案计划填入表2-4-1。

表2-4-1　　　　　　　　　门店周年庆促销方案计划

工作要点	计划描述
设计促销计划	
实施促销活动	
评估促销效果	

工作实施

步骤一：促销活动策划

[基础任务] 通过走访和调研，了解相关企业此次店庆的促销目的和背景，进行大量调研，撰写符合该门店促销定位的促销活动策划书。填写促销计划表，见表2-4-2。

表2-4-2　　　　　　　　　　促销计划表

月份	促销计划				促销费用预算	期望销售增加额
	商品	销售方法	销售人员	广告宣传		
1						
2						
3						
⋮						
合计						

进行促销调研：_____

_____

_____

确定促销目标：

_____

_____

制定促销预算：_____

_____

_____

确定促销主题：_____

_____

_____

选择促销时机：_____

_____

_____

选择促销商品：_____

_____

_____

进行促销宣传：_____

_____

_____

选择促销方式：_____

_____

_____

步骤二：促销活动实施

[基础任务]学生分组全程参与促销过程，并在此次过程中记录促销活动实施中好的和不足的地方。

促销计划立案：_____

_____

_____

召开促销会议：_____

_____

_____

人员准备：_____

_____

_____

商品准备：_____

_____

_____

广告宣传：_____

_____

_____

卖场氛围布置：_____

_____

_____

步骤三：促销效果评估

［基础任务］根据促销目标，学会使用合适的评估方法进行促销效果评估并最终形成一份促销评估报告。

选择促销评估方法：_____

_____

_____

选择促销评估内容：_____

_____

_____

评估促销效果并形成报告：_____

_____

_____

_____

○ 工作项目评价

评价方式采用多元化评价，评价主体由学生、小组、教师和企业构成，评价标准、分值及权重如下所示：

1.学生对自我在工作活动中的职业核心能力进行自评，将自评结果填入职业核心能力自测表，见表2-4-3。

表2-4-3 职业核心能力自测表

（在□中打√，A通过，B基本通过，C未通过）

职业核心能力	评估标准	自测结果
自我学习	1.能进行时间管理 2.能选择适合自己的学习和工作方式 3.能随时修订计划并进行意外事件处理 4.能将已经学到的东西用于新的工作任务	□A □B □C □A □B □C □A □B □C □A □B □C
信息处理	1.能根据不同需求去搜寻、获取并选择信息 2.能筛选信息并进行信息分类 3.能使用多媒体等手段来展示信息	□A □B □C □A □B □C □A □B □C
数字应用	1.能从不同信息源获取相关信息 2.能依据所给的数据信息作简单计算 3.能用适当方法展示数据信息和计算结果	□A □B □C □A □B □C □A □B □C
与人交流	1.能把握交流的主题、时机和方式 2.能理解对方谈话的内容，准确表达自己的观点 3.能获取信息并反馈信息	□A □B □C □A □B □C □A □B □C
与人合作	1.能挖掘合作资源，明确自己在合作中能够起到的作用 2.能同合作者进行有效沟通，理解个性差异及文化差异	□A □B □C □A □B □C
解决问题	1.能说明何时出现问题并指出其主要特征 2.能作出解决问题的计划并组织实施计划 3.能对解决问题的方法适时作出总结和修改	□A □B □C □A □B □C □A □B □C
革新创新	1.能发现事物的不足并提出新的需求 2.能创新性地提出改进事物的意见和具体方法 3.能从多种方案中选择最佳方案并在现有条件下实施	□A □B □C □A □B □C □A □B □C
学生自我打分		

2.学生以小组为单位，对本工作项目的实施过程与结果进行自评，将自评结果填入小组自评表，见表2-4-4。

表2-4-4　　　　　　　　　　　　小组自评表

评价内容	评价标准	分值（分）	评分（分）
团队建设	团队合作紧密、互帮互助	10	
	工作态度端正、作风严谨	15	
	遵守法律法规和工作准则	10	
工作情况	计划制订周密、组织有序	15	
	按计划、高效率完成工作	20	
	工作成果完整且质量达标	30	
合　计		100	

3.教师就专业操作能力对小组工作过程与结果进行评价，将评价结果填入专业能力测评表，见表2-4-5。

表2-4-5　　　　　　　　　　　专业能力测评表

（在□中打√，A掌握，B基本掌握，C未掌握）

业务能力	评价指标	自测结果	备注
撰写促销计划	1.促销目的是否明确，促销形式是否符合门店实际情况，各种促销形式的内容描述是否清楚，促销的时间、产品、场地事宜、宣传推广、促销工具等是否确定 2.各部门人员是否落实到位 3.物品准备、人员费用、各方支出、广告宣传等成本是否精确到位	□A □B □C □A □B □C □A □B □C	
撰写促销评估报告	1.报告结构是否完整、规范、有条理 2.报告是否符合逻辑，观点明确，论据充分，内容涉及促销业绩评估、效果评估、供应商评估及门店自身运营评估等各方面内容 3.语言表达是否流畅，对问题的建议是否翔实、切实，能否帮助门店有效组织促销管理活动	□A □B □C □A □B □C □A □B □C	
教师评语：			
教师打分		教师签字	

4.企业对小组工作过程与结果进行评价，将结果填入企业评价表，见表2-4-6。

表2-4-6　　　　　　　　　　　企业评价表

关键考核指标	分值（分）	得分（分）
能制订合理有效的促销方案	40	
能实施促销方案	40	
能进行促销方案的有效评估	20	
合计	100	

5.根据上述结果填写综合评价表，见表2-4-7。

表2-4-7　　　　　　　　　　　综合评价表

自我评价（10%）	小组自评（10%）	教师评价（50%）	企业评价（30%）	综合评价

职业素养指南

门店员工的职业道德

　　由于零售业是商品流通的最后一个环节，与广大消费者在卖场中直接接触最多的理货员和收银员，最能体现门店员工的职业道德，因此加强他们职业道德的学习、宣传和教育，有利于社会风气的改善，提高社会的道德水平，推动社会主义精神文明建设的发展。

　　门店的每一位员工所从事的都是比较具体的销售服务工作，每一位员工都有自己的岗位，每一个岗位都有职责，我们只有认真遵守岗位职责，才能体现新型的社会主义商业职业道德。门店的服务包括商品、劳务、环境三个方面，因此，每一位员工要立足岗位，严守职责，为顾客提供优质商品、优良服务、优美环境。每一位员工都要树立热爱本职工作的思想认识，恪守工作职责。

　　营业前：认真进行商场的清洁工作，整理货架，清洁通道，整理补充商品，认真核对每一品种的价目表。

　　营业中：坚持站立服务，热情礼貌地对待每一位顾客，认真巡视商场，及时补货，注意商场的安全保卫工作。

　　营业后：整理好货架，搞好必要的整理工作，及时做好交班记录。

　　总之，顾客是连锁企业门店在经营活动中的最重要的人物，没有顾客就没有门店业绩。因此，只有每一位员工认真遵守职业道德，遵守岗位职责，处处为顾客着想，连锁企业才能在日益激烈的竞争中立于不败之地，取得更好的发展。

　　资料来源：作者根据相关资料整理而成.

　　素养讨论：一天，某购物广场收到一封顾客发来的表扬信，信中表扬的是家电部一位理货员：该顾客在购物广场买了一台空调，前几天发现不能运转了。因顾客经常出差，空调还没有用几次，实属机器的质量问题。该理货员了解情况后，马上同供应商进行协商,并征得供应商同意,给予顾客更换一台空调。顾客对该理货员的急顾客之所急、想顾客之所想的服务态度和后续处理大加赞赏。对此,你有什么感想?

门店园地　　　**诚信是企业的生存之本——信誉楼自有品牌的诞生**

"诚信"历来是中华民族的传统美德,是一切道德赖以维系的前提,也是文明社会的基石。有这样一家企业,几十年来始终坚持"诚信经营"的理念,这就是信誉楼百货集团。

从2003年起,信誉楼百货集团有限公司开始尝试自有品牌的创建,第一个自有商品是信誉楼牌健康面粉。当时,不少面粉生产厂家为了促进销售,过量、过度地掺杂面粉添加剂——"过氧化苯甲酰"。尽管当时有专家提出长期食用过氧化苯甲酰可能会引起慢性苯中毒,但国家有关部门并没有给出明确结论。

为了让消费者吃上放心的面粉,信誉楼决定推出健康面粉。精选当地旱小麦,选择具有国家高标准生产资质的合作方,由驻厂人员从原料、加工、运输等环节全程监督,制作出无任何添加剂的健康面粉。为保证生产期间不掺杂其他厂家的面粉,生产过程中,先行出来的面粉,不纳入信誉楼面粉包装中,直至由技术人员验收合格。由于面粉在运输和储藏过程中有自然消耗,为保证顾客买到的面粉净重与标识一致,在出厂时50斤一袋的面粉多加7两,20斤一袋的面粉多加5两,10斤一袋的面粉多加3两,价格保持不变,实现了真正的"加量不加价"。

直到2011年,国家卫生部正式公告撤销面粉增白剂过氧化苯甲酰的使用,禁止生产厂家生产、销售含有以上增白剂的产品,而此时,信誉楼已经为广大消费者提供了8年的健康面粉。

资料来源:河北农业大学文管学院课程思政案例.

思政评析:人无信不立,国无信不稳,诚信是我们呼吁并在不断践行的社会主义核心价值观之一。大学生是国之栋梁,更应当树立诚信意识,传承和弘扬中华民族的传统美德。作为零售行业门店员工,为消费者提供质量可靠、价格合理的商品,创造安全舒适的购物环境是社会对零售商的基本要求,零售商首先应做好这些基本方面,诚信经营才能实现长期可持续发展。

● 本情境预期学习成果

学习成果名称:门店商品管理活动认知

学习成果目的:通过模拟实训演练与操作,初步认识门店商品管理活动工作流程和重点。

学习成果内容:

1.仔细观察自己所熟悉的连锁企业门店,调查分析他们是如何进行商品管理活动的?他们进行商品管理大致分为哪几类?每种商品管理的工作流程是怎样的?

2.由教师设定题目,走访校企合作企业,分析商品管理活动对其日常经营活动的影响。

学习成果思考：

如果你想要在当地创业开一家服装店，具体情境自设。请结合以上4个工作活动学到的知识和技能，思考如何进行所经营门店的商品订货计划、商品陈列方案、商品盘点方案、商品促销方案的制订。

学习成果组织：学生分小组进行调查研究、分析设计，形成文案报告。

学习成果总结：学生小组交流文案报告，教师根据文案、PPT演示、讨论分享中的表现分别给每组进行评价打分。

3

》》》》 情境目标

知识目标

1. 掌握顾客接待服务各种工作流程及注意事项；
2. 了解处理顾客投诉意见的注意事项，掌握顾客投诉意见的处理程序；
3. 掌握会员征集与推广的方法；
4. 掌握会员营销活动的内容及方式。

技能目标

1. 学会针对新老顾客的不同，提供针对性的顾客服务；
2. 学会填写顾客投诉意见登记表及意见处理登记表；
3. 学会将顾客投诉意见资料进行归档；
4. 借助不同手段设计营销活动。

思政目标

　　通过连锁企业门店顾客管理系列真实岗位实践模拟工作流程，引导学生坚持人人平等的原则，面对顾客的投诉进行换位思考，树立顾客是上帝的服务理念，己所不欲，勿施于人，培养恪守信用、保护顾客隐私的职业道德。

>>>> 情境导入

　　百果园是集水果采购、种植技术支持、采后保鲜、物流仓储、标准分级、营销拓展、品牌运营、门店零售、信息科技、金融资本、科研教育为一体的水果全产业链企业，也是水果专营连锁业态的开创者。2001年12月成立于深圳，2002年开出中国第一家水果专卖店。截至2021年，百果园全国门店数突破5 000家，遍布全国90多个城市，全球建立200多个水果特约供货基地。百果园取得如此辉煌的成就归因于百果园在业内率先推出"不好吃三无退货"的服务承诺，即不好吃可无小票、无实物、无理由地信任退货服务，开创了行业服务标准新高度。

　　但是由于门店数量的迅速扩张，部分店面出现了一些问题，遭到消费者的投诉。现百果园企业要求经理对所有门店的顾客服务进行规范，作为门店店长，你需要根据百果园的市场定位及销售群体，规范地做好顾客接待、售后服务尤其是顾客投诉及会员关系管理等工作。

（微课）3-1
顾客服务管理

（微课）3-2
服务的定义及内涵

>>>> 工作活动

工作活动1　顾客接待服务
工作活动2　顾客投诉处理
工作活动3　会员关系管理

工作活动 1
顾客接待服务

---●　**工作活动目标**

1.了解顾客服务的重要性；
2.掌握接待顾客的服务礼仪；
3.掌握接待顾客相关工作流程制定。

（动画）3-3

接待顾客的
步骤

（思政微课）
3-4

发扬与时
俱进的商业
精神，深刻
剖析门店
顾客购买
行为

---●　**职业工作情境**

　　各种不同的零售业态的出现和发展，使得零售环节的竞争越来越激烈。由于目前顾客对品牌的忠诚度还没有达到一定程度，所以在购买某种产品时，门店销售人员的接待服务仍然是影响顾客购买的重要因素，不同的服务，会影响顾客在门店作出不同的购买决策。销售人员要针对顾客购买行为心理过程中各个阶段的不同特征，采取相应的销售方法。一般来说，销售员接待顾客分为七个阶段：准备、迎客、了解需求、推荐商品、处理异议、完成交易以及送客。一位合格的门店服务人员需要知道如何分析顾客行为，怎样才能提供有效的顾客接待服务，通过用心的服务获得更多的客源。

---●　**职业知识储备**

知识点 1
准备阶段

　　准备阶段通常在商场还没有开门时或顾客还没有走近柜台时就早已开始。作为门店销售人员，通常都要比门店开门时间提前半个小时来到门店做准备工作，准备工作从以下三个方面进行：

　　（一）自己

　　为了能以更专业的形象给顾客留下好的深刻印象，销售人员要注意个人的穿着以及打扮，要保持良好的精神状态和积极的工作态度，把最好的一面呈现给顾客。门店销售人员衣着有五大基本要求，分别为因地制宜、符合身份、保持清洁、舒适度好、协调一致（色彩、配件、发型）。

　　1.发型

　　销售人员的发型应简洁、庄重，梳理整齐，女士长发要用发夹夹好，男士保持清爽短发。

2.妆容

销售人员应化淡妆，面带微笑。

3.着装

销售人员应着正规套装，全身衣服颜色在三种以内，女士的裙子应长度适宜，男士穿长裤，保持鞋子光亮、清洁。

4.装饰品

女士佩戴常规首饰，切忌张扬浮夸，男士尽量不戴除手表外的其他首饰，保持大方得体。

（二）商品

门店销售人员准备好自身着装及妆容后，接下来要准备门店中陈列的各种商品，使商品能够充分吸引顾客。

首先，将商品及货架擦拭一新，干净整洁的商品与货架会提高顾客对门店的好感，一尘不染的商品更能吸引顾客的注意力。

其次，注意商品摆放的位置、角度和高度，相同的商品摆放在不同的位置会收获不同的效果。特价商品与促销商品一般摆放在店门口或者已进入门店能够看到的醒目位置，同时要突出其价格优势，更多地吸引顾客的目光并使顾客驻足；门店主力商品应摆放在门店的主通道内，这是销售影响力极强的陈列位置；突出季节商品当季利润最高、最具特色与卖点的特性，在陈列时要予以充分重视；将辅助商品摆放在门店的常规位置，保证该类型商品的连续性销售，便于顾客轻松找到心仪的商品。

（三）环境

门店环境是顾客首先接触并感受到门店的因素之一。对于新顾客，由于对商品、门店性质及销售情况不了解，他们的消费具有一定的冲动性，更多的是凭直觉决定是否消费，温馨明亮的灯光，干净整洁的陈列货架，分门别类摆放的商品都会提升门店在他们心目中的专业度及服务水平，促使他们作出消费决定；对老顾客而言，虽然对门店具有初步的了解，干净适宜的门店环境可以给顾客一种愉悦感，仍然可对其消费行为起到促进作用。销售人员可站在顾客的角度体会一下对柜台的整体感受。例如：灯光是否足够明亮、商品是否足够整齐、私人物品是否放在顾客看不到的角落等。

知识点2
迎客阶段

一、分类别迎客

用微笑与顾客打招呼是十分友好的与顾客打招呼的方式，目的是向顾客传达一种愿意为他服务的意愿，不会给顾客太大的压力。

（一）接待新顾客时，要注意私人空间

应与新顾客保持适当的距离。通常陌生人之间的社交距离应该是1.2米，这样不会对顾客产生压力，让顾客全身心放松。只有顾客有良好的购物体验，才会作出满意的购物决定。当顾客对某一种商品产生了兴趣，销售人员可以主动去为顾客介绍商品。通常，当顾客长期停留在某一个商品面前时，或者当顾客用目光或者用语言示意销售人员介绍商品时，说明顾客对这种商品产生了比较浓厚的兴趣，这时销售人员可以适时地上前为顾客介绍商品。

鉴于新顾客对门店和服务人员没有初步的了解，所以接待新顾客时要保持积极热情的仪态，给顾客留下良好的第一印象。接待新顾客五大原则为微笑的面容、真诚的表情、挺直的身体、均衡的肢体、灵巧的动作。

销售人员的站姿要求：抬头、目视前方、挺胸直腰、肩平、双臂自然下垂、收腹、双腿并拢直立、脚尖分开呈 V 字形、身体重心放到两脚中间；也可两脚分开，比肩略窄，将双手合起，放在腹前。

顾客光顾门店时，要积极热情地打招呼，如"欢迎光临""女士，早上好/中午好/下午好/晚上好"、"您想选购什么商品呢"和"您之前是否对我们门店有过了解"等。

（二）接待老顾客时，可采用主动法或选择法

老顾客是门店最优质、最稳定、最具潜力的资源，基于之前的购买经验和对门店的信任，老顾客不仅会在自己需要时选择再次登门，而且会把自己的购买体验和经验传递给周围的亲朋好友，给门店带来更丰富的顾客资源。再加上老顾客希望比其他顾客得到更多的关注和重视，所以当老顾客再次登门时，门店销售人员一定要对他们"特殊对待"，让他们体会到一种与众不同的感觉。

门店销售人员首先要熟记老顾客的相关信息资料，尤其是老顾客的姓，在老顾客再次登门时准确地叫出他们的称谓，给他们一种自豪感和亲切感。为了表示对老顾客的重视，门店销售人员在接待老顾客时要尽量真诚地关爱对方，站在对方的立场和角度思考问题，并以朋友的身份和他们沟通，但也不能热情过度到他下次不好意思再光临的地步，也不要为了销售利益而一味地阿谀奉承对方，那样反而会让老顾客感觉不舒服、不自在。另外，在接待老顾客的过程中，门店销售人员还要留意和他们谈话的内容，这里面很可能包含着他们新的需求信息。当老顾客在谈话中不经意间透露出自己新的需求信息时，门店销售人员一定要熟记于心，这样当老顾客再次登门时就可以直接把能够满足其新需求的商品推荐给他们。

接待老顾客可以采取如下措施：

例1

服装销售人员："张先生，欢迎光临！好长时间没见到您了，您还是那么神采奕奕！对了，您上次说想要……商品，我们这几天正好到了一些新款，您要不要试试看？"

（清楚地记得老顾客的姓名及其购物需求，能让老顾客觉得自己受到重视，并获得一种亲切感和自豪感）

例2

服装销售人员："哇，张姐，好久没见到您了，您变得更漂亮了！看把您热

的，先坐下来喝杯水再看衣服吧！我们最近上了不少新货，特别漂亮，感觉有好多都很适合您呢。等会儿我再慢慢为您介绍。"

（赞美顾客，并以朋友的身份和顾客沟通，然后向顾客进行推介）

例3

服装销售人员正在为一位新顾客服务，这时一位老顾客走进服装店。

服装销售人员："（对新顾客）对不起，先生，请您稍等一下，我过去打一下招呼马上就回来。"

（先对正在服务的新顾客致歉，然后去和老顾客先打个招呼）

顾客："好的。"

服装销售人员："（对老顾客）马姐，您来了，好长时间没看到您了！（然后走到老顾客身边小声说）您先随意看看，我招呼完那位客人马上过来。"

（尽管正在忙碌，但服装销售人员对老顾客仍然热情有加，并通过"悄悄话"的方式向老顾客展示一种特殊的亲密感，从而增加老顾客的好感和信任感）

二、准顾客购买分析

（一）支付能力

通过顾客穿着的服装品牌、佩戴的饰物以及顾客的言谈举止等外在因素，来初步预判他是否有足够的支付能力。

（二）决策人物

分析在群体购物中谁是最终作决策的那个人。

（三）需求程度

根据顾客行为判断顾客是否对商品有需求。

需要注意的是：从始至终保持微笑。很多顾客走近柜台只是为了了解商品信息，并不会购买商品，如果顾客并没有长期停留在某种商品面前，也没有要求销售人员介绍商品时，销售人员可以不做任何事情，微笑地看着顾客，让顾客尽情地去自由选择商品。

知识点3
了解顾客需求的方法

一、调查研究（Research）

不同年龄或不同性别的顾客，对商品会有不同的需求。通过与顾客闲聊的沟通方式，收集其年龄、职业、爱好等基本信息，初步推测顾客的购物需求。

二、细心观察（Observe）

门店销售人员用得最多的方法恐怕就是当顾客走进门店后，通过细心观察猜测他需要什么商品，从而向顾客推荐门店商品。猜测顾客需要的商品一般要通过细心的观察和用心的总结，积累一定的工作经验。细心观察、积累经验确实能在一定程度上帮助门店销售人员了解顾客的需求，但这并不是最好的方式。

三、引导提问（Probe）

通过提问来了解顾客的需求，是了解顾客需求的最好、最重要、最准确的一个方法。对顾客进行引导性的提问，并且尽量采用开放式提问，让顾客有足够的空间去表达自己的需求，可以更准确地掌握顾客需求，有效地进行商品销售。

四、扩大成果（Expand）

在了解了顾客的需求之后则需要进一步扩大成果，尽可能让顾客参与其中，与顾客在需求上达成一致。

知识点4
推荐商品

一、对顾客进行分类

（一）根据顾客性格分类

不同性格的顾客表现特征不一样，需要的服务类型也就不一样，按照顾客性格，可将顾客分为分析型、主导型、融合型和创新型四种类型，每种类型的顾客具备的特征及应对该类型顾客的服务对策见表3-1-1。

表3-1-1　　　　　　　　根据顾客性格划分的顾客类型及其特征和服务对策

顾客类型	特征	服务对策
分析型	做事非常认真，有条不紊；说得少，听得多	说话时要强调条理性；多用数字，而且要用准确的数字
主导型	自己做主；要求他人认同他的话；支配一切；固执己见	在适当时候才主动招呼；不要与他们顶撞；听从指示，不要催促
融合型	受到关注和礼貌对待；喜欢与别人分享自己的开心事	殷勤款待，多了解他的需求；多给建议，加快决定
创新型	喜欢新商品；喜欢追逐潮流；要面子	介绍新商品及其与众不同之处；说话要有趣味性；适当交换意见，尊重顾客

（二）根据顾客偏好分类

每位顾客购物时对商品关注的点不同，有的顾客关注商品的特点与功能，强调物有所值；有的顾客看重商品的使用目的和效果，强调商品能为其带来哪些利益，有的喜欢在购物中倾听服务人员的介绍，根据推荐最终决定购买哪种产品；有的顾客持有自己的观点，目的明确。不同偏好的顾客表现特征不一样，需要的服务类型也不一样，按照顾客偏好，可将顾客分为分析型、支配型、和蔼型和表达型四种类型，每种类型的顾客具有的特征及应对该类型顾客的服务对策见表3-1-2。

表 3-1-2　　　　　根据顾客偏好划分的顾客类型及其特征和服务对策

顾客类型	特征	服务对策
分析型	详细了解商品的特点和用处；要求物有所值；关注所付出的价钱	强调商品的物有所值；详细介绍商品的好处；有耐心；商品知识准确
支配型	做事非常果断；表情变化少；强调商品的使用目的和效果；说话直接，不兜圈子	要有直接的目光接触；将商品的功能直接转化成利益；介绍商品将给他的生活和工作带来怎样的帮助
和蔼型	非常友好；愿意听销售人员详细的商品介绍，会热情给予回应；但是决策缓慢，需要鼓励和推动	需要使用鼓励性的语言，亲切地拉近与顾客的距离
表达型	喜欢表现，愿意表达自己的观点	说话速度要相应地加快，声音也应适当地加大；要注意使用手势来阐述自己的观点，激发顾客强烈的购买欲望

二、介绍商品

（一）介绍商品的步骤

介绍商品的步骤为：第一步，介绍公司和品牌，目的是让顾客信任商品是货真价实的；第二步，介绍产品，包括介绍商品的一些功能和组成材料；第三步，运用 FAB 法则，采用获取利益的方法来说服顾客购买商品。F 代表属性（Feature），即商品或服务所具备的一切属性；A 代表优点（Advantage），即商品或服务的优点及其为顾客带来的帮助；B 代表利益（Benefit），即商品或服务能明显满足顾客的需求。

（二）介绍商品的注意事项

介绍商品时要诚实客观，有问必答，百拿不厌，为客参谋。

1.位置

（1）销售人员应走在客人左前方的两三步处，自己走在左侧，让客人走在中央位置，与客人的步伐保持一致，并适当作些介绍。

（2）让顾客能够置身于商品中：如果挡在顾客之前，会让顾客只注意了销售人员而看不到商品，所以一定要让顾客轻松自由地置身于商品中，自由地去选择他所喜欢的商品。

（3）要用手自然地指着商品进行介绍，便于顾客随时了解此时介绍的是哪款商品，以便最后进行比较和选择。

2.语言

销售人员在介绍商品时，语言表达应注意以下四点：

（1）音量适中，速度平稳，散发热情。

（2）简洁明了，避免过多地使用专业用语，强调重点，条理清晰。

（3）多用敬语，多用谦虚、富有朝气、充满诚意的话语。

（4）配合对方的立场、个性，使用适合对方的表达。

知识点5
处理异议的步骤

一、学会倾听

鼓励顾客发言，充分了解顾客顾虑，与顾客共情。

1.原则

销售人员在倾听的时候，应站在对方的立场，仔细地倾听，不要预设立场。

2.做法

销售人员应认真地听，勿随意打断，边听边把重点记下来，适时微笑并点头，有疑问时应及时提出，多问与异议点相关的问题。

二、确认异议

在鼓励客户畅所欲言之后，向客户提出问题，确认异议点，确保自己所理解的与顾客所表达的意思一致。首先必须重点复述对方所讲的内容，如"您刚才所讲的是不是……"或者"我不知道我理解得对不对，您的意思是……"，要做到以诚恳、专注的态度倾听对方的话语。

三、提出解决办法

门店人员在确认异议后，针对异议的不同情况，应提出解决办法。

情况一：顾客对商品有不正确的认识而产生的问题。

对策：给顾客正确的信息；用书面的材料来证明；让顾客实际操作商品。

情况二：销售人员介绍商品的语言过于夸张或不够准确而产生异议。

对策：使用准确数字或其他资料更正商品信息，客观、真实地介绍商品。

情况三：销售人员没有掌握顾客需求。

对策：重新提问，了解顾客实际关心的问题，向顾客推荐真正需要的商品。

四、查证顾客异议是否得到解决

关注顾客反应，如果在沟通过程中发现顾客频频点头，对销售人员的解决方法表示满意，就要假设成交，以保证顺利进入下一阶段。

知识点6
完成销售

一、把握销售时机

及时发现顾客作购买决定的信息，准确把握结束销售时机。常见的即将完成交易的信号有：客户不再发问；点头；自问自答；反复使用或耐心检查商品；询问售后服务、退货、保修等问题。

二、促成销售实现

（一）直接促进

直接询问顾客是否可以开票。

（二）假定成交促进

以成交的语气询问顾客"可以将商品包起来了吗"。

（三）总结同意促进

总结商品特征、优点，得到顾客的肯定意味着顾客不再拒绝，可以进一步促成销售。

（四）强调利益促进

强调现在购买会得到其他时间购买所没有的利益，使顾客产生紧迫感，推动顾客迅速作出购买决定。

三、引导注册会员

对于连锁门店来说，想要开展会员营销活动，前提是开发并吸纳一批消费者注册，使其成为门店会员。否则，做再好的会员营销活动也没有丝毫作用，再先进的会员管理系统也无法发挥其优势，到店消费顾客准备付款时是连锁门店吸引顾客注册会员的绝佳时机。

门店可以在系统后台设置"注册会员即可享受积分、兑现"等优惠活动来吸引顾客注册会员，并区分会员客户与普通客户的优惠力度，让顾客感受到明显的优惠差异，进而产生办理会员的冲动，再由员工适当引导、介绍会员权益，从而促成顾客注册会员。

四、计价收款

如果是销售人员计价收款，要先询问顾客付款方式，如果是现金支付，要坚持唱收唱付，采用验钞机，避免现金交接出现差错；如果是非现金支付，则准备好收款设备，确保收款无误；如果由收银台统一收款，销售人员应认真填好交款单，告知顾客商品的单价和总价，指明收银台位置。

五、包装商品

最后，销售人员应核对顾客的购物发票，请其验货，确认是顾客所购商品后，销售人员应按照不同的商品采用不同的包装方法为顾客包装好商品，并提示顾客拿好。

| 知识点7
| 送客

顾客完成购买，销售人员要提醒顾客带好随身物品，然后点头目送顾客离开并礼貌道别，如"欢迎下次光临"。

图3-1-1是一个完整的接待顾客的流程。

开始

准备

自己   商品   环境

迎客

有钱

有权 ← 准顾客分析   分类别迎客

有需求

了解需求

推荐商品

公司品牌 → 产品 → FAB法则

属性

优点

利益

有无异议

有

处理异议

鼓励发言 → 提出问题 → 确认异议 → 解决异议 → 查证异议

无

促成销售

把握时机 → 实现销售 → 引导注册会员 → 计价收款 → 包装商品

送客

结束

如何提升
顾客服务
水平

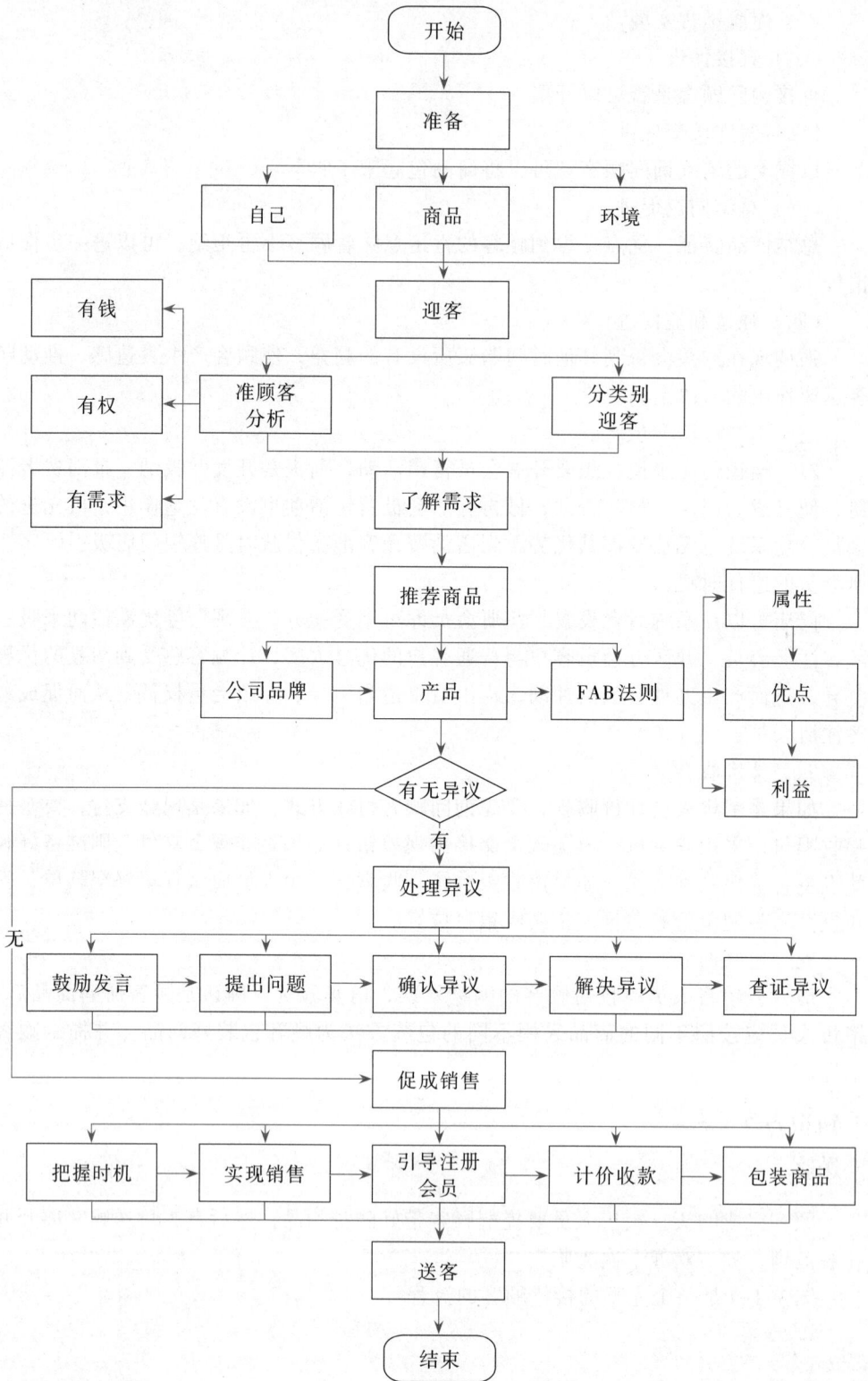

图 3-1-1 接待顾客流程

·············○ 职业技能操练

工作项目

水果零售门店顾客接待服务。

项目背景

中秋节马上到了，某公司的老板计划在中秋节给员工发放一批好吃又实惠的水果礼盒，该公司行政部张姐接到了这个任务，首先想到了本地某连锁水果店，她准备到附近的几个门店考察一番。如果你是某门店的员工，店长派你来接待张姐，你会怎么做？

工作目标

● 通过门店顾客接待服务实地操练，掌握接待顾客的具体流程及注意事项

工作计划

将顾客接待服务实施计划填入表3-1-3。

表3-1-3　　　　　　　　　顾客接待服务实施计划

工作要点	任务描述
准备阶段	
接待顾客阶段	
完成销售阶段	
送客阶段	

工作实施

步骤一：准备阶段

［基础任务］收集资料并了解门店接待顾客准备阶段的具体工作包括哪些内容，从服务人员自身仪表仪态、商品及环境方面进行充分的准备，为接下来的工作提供有利的条件。

自己：＿＿＿＿＿＿＿＿＿＿＿＿＿＿＿＿＿＿＿＿＿＿＿＿＿＿＿＿＿＿＿＿

＿＿＿＿＿＿＿＿＿＿＿＿＿＿＿＿＿＿＿＿＿＿＿＿＿＿＿＿＿＿＿＿＿＿＿＿

＿＿＿＿＿＿＿＿＿＿＿＿＿＿＿＿＿＿＿＿＿＿＿＿＿＿＿＿＿＿＿＿＿＿＿＿

商品：＿＿＿＿＿＿＿＿＿＿＿＿＿＿＿＿＿＿＿＿＿＿＿＿＿＿＿＿＿＿＿＿

＿＿＿＿＿＿＿＿＿＿＿＿＿＿＿＿＿＿＿＿＿＿＿＿＿＿＿＿＿＿＿＿＿＿＿＿

环境： _____

_____

_____

_____

［进阶任务］小组之间进行互评，及时发现并加以纠正问题，形成统一、规范的标准。

准备阶段评分表见表3-1-4。

表3-1-4 准备阶段评分表

销售人员姓名	项目		评分	备注
	销售人员	衣着		
		发型		
		妆容		
	商品	干净整洁		
		摆放角度		
		摆放位置		
	环境	灯光		
		整体布局		

步骤二：迎客阶段

［基础任务］根据顾客类型不同，采用不同的问候方式，对顾客进行初步的资格分析。

新顾客： _____

_____

_____

老顾客： _____

_____

_____

［进阶任务］准顾客需求分析：□支付能力　□决策人物　□需求程度

原因： _____

_____

_____

步骤三：了解需求

［基础任务］运用 ROPE 技巧分阶段掌握顾客需求。

调查研究：＿＿＿＿＿＿＿＿＿＿＿＿＿＿＿＿＿＿＿＿＿＿＿＿＿＿＿
＿＿＿＿＿＿＿＿＿＿＿＿＿＿＿＿＿＿＿＿＿＿＿＿＿＿＿＿＿＿＿＿＿＿＿
＿＿＿＿＿＿＿＿＿＿＿＿＿＿＿＿＿＿＿＿＿＿＿＿＿＿＿＿＿＿＿＿＿＿＿

细心观察：＿＿＿＿＿＿＿＿＿＿＿＿＿＿＿＿＿＿＿＿＿＿＿＿＿＿＿
＿＿＿＿＿＿＿＿＿＿＿＿＿＿＿＿＿＿＿＿＿＿＿＿＿＿＿＿＿＿＿＿＿＿＿
＿＿＿＿＿＿＿＿＿＿＿＿＿＿＿＿＿＿＿＿＿＿＿＿＿＿＿＿＿＿＿＿＿＿＿

引导提问：＿＿＿＿＿＿＿＿＿＿＿＿＿＿＿＿＿＿＿＿＿＿＿＿＿＿＿
＿＿＿＿＿＿＿＿＿＿＿＿＿＿＿＿＿＿＿＿＿＿＿＿＿＿＿＿＿＿＿＿＿＿＿
＿＿＿＿＿＿＿＿＿＿＿＿＿＿＿＿＿＿＿＿＿＿＿＿＿＿＿＿＿＿＿＿＿＿＿

扩大成果：＿＿＿＿＿＿＿＿＿＿＿＿＿＿＿＿＿＿＿＿＿＿＿＿＿＿＿
＿＿＿＿＿＿＿＿＿＿＿＿＿＿＿＿＿＿＿＿＿＿＿＿＿＿＿＿＿＿＿＿＿＿＿
＿＿＿＿＿＿＿＿＿＿＿＿＿＿＿＿＿＿＿＿＿＿＿＿＿＿＿＿＿＿＿＿＿＿＿

步骤四：推荐商品

［基础任务］根据与顾客的简单互动后对顾客进行分类，采取不同的策略推荐商品。

按顾客性格分类：□分析型　□主导型　□融合型　□创新型

对策：＿＿＿＿＿＿＿＿＿＿＿＿＿＿＿＿＿＿＿＿＿＿＿＿＿＿＿＿＿
＿＿＿＿＿＿＿＿＿＿＿＿＿＿＿＿＿＿＿＿＿＿＿＿＿＿＿＿＿＿＿＿＿＿＿
＿＿＿＿＿＿＿＿＿＿＿＿＿＿＿＿＿＿＿＿＿＿＿＿＿＿＿＿＿＿＿＿＿＿＿

按顾客偏好分类：□分析型　□支配型　□和蔼型　□表达型

对策：＿＿＿＿＿＿＿＿＿＿＿＿＿＿＿＿＿＿＿＿＿＿＿＿＿＿＿＿＿
＿＿＿＿＿＿＿＿＿＿＿＿＿＿＿＿＿＿＿＿＿＿＿＿＿＿＿＿＿＿＿＿＿＿＿
＿＿＿＿＿＿＿＿＿＿＿＿＿＿＿＿＿＿＿＿＿＿＿＿＿＿＿＿＿＿＿＿＿＿＿

介绍商品：＿＿＿＿＿＿＿＿＿＿＿＿＿＿＿＿＿＿＿＿＿＿＿＿＿＿＿
＿＿＿＿＿＿＿＿＿＿＿＿＿＿＿＿＿＿＿＿＿＿＿＿＿＿＿＿＿＿＿＿＿＿＿
＿＿＿＿＿＿＿＿＿＿＿＿＿＿＿＿＿＿＿＿＿＿＿＿＿＿＿＿＿＿＿＿＿＿＿

步骤五：处理异议

［基础任务］如果顾客对于推荐的商品有异议，销售人员需要妥善解决，消除顾客心中的疑虑。

确认异议：＿＿＿＿＿＿＿＿＿＿＿＿＿＿＿＿＿＿＿＿＿＿＿

＿＿＿＿＿＿＿＿＿＿＿＿＿＿＿＿＿＿＿＿＿＿＿＿＿＿＿＿＿

＿＿＿＿＿＿＿＿＿＿＿＿＿＿＿＿＿＿＿＿＿＿＿＿＿＿＿＿＿

＿＿＿＿＿＿＿＿＿＿＿＿＿＿＿＿＿＿＿＿＿＿＿＿＿＿＿＿＿

解决异议：＿＿＿＿＿＿＿＿＿＿＿＿＿＿＿＿＿＿＿＿＿＿＿

＿＿＿＿＿＿＿＿＿＿＿＿＿＿＿＿＿＿＿＿＿＿＿＿＿＿＿＿＿

＿＿＿＿＿＿＿＿＿＿＿＿＿＿＿＿＿＿＿＿＿＿＿＿＿＿＿＿＿

＿＿＿＿＿＿＿＿＿＿＿＿＿＿＿＿＿＿＿＿＿＿＿＿＿＿＿＿＿

步骤六：完成销售

［基础任务］及时鼓励顾客作出购买决定，准确把握实现销售的时机，引导顾客成为门店会员，为下一次销售作铺垫。

实现销售：＿＿＿＿＿＿＿＿＿＿＿＿＿＿＿＿＿＿＿＿＿＿＿

＿＿＿＿＿＿＿＿＿＿＿＿＿＿＿＿＿＿＿＿＿＿＿＿＿＿＿＿＿

＿＿＿＿＿＿＿＿＿＿＿＿＿＿＿＿＿＿＿＿＿＿＿＿＿＿＿＿＿

＿＿＿＿＿＿＿＿＿＿＿＿＿＿＿＿＿＿＿＿＿＿＿＿＿＿＿＿＿

引导注册会员：＿＿＿＿＿＿＿＿＿＿＿＿＿＿＿＿＿＿＿＿

＿＿＿＿＿＿＿＿＿＿＿＿＿＿＿＿＿＿＿＿＿＿＿＿＿＿＿＿＿

＿＿＿＿＿＿＿＿＿＿＿＿＿＿＿＿＿＿＿＿＿＿＿＿＿＿＿＿＿

＿＿＿＿＿＿＿＿＿＿＿＿＿＿＿＿＿＿＿＿＿＿＿＿＿＿＿＿＿

计价收款并包装商品：＿＿＿＿＿＿＿＿＿＿＿＿＿＿＿＿＿

＿＿＿＿＿＿＿＿＿＿＿＿＿＿＿＿＿＿＿＿＿＿＿＿＿＿＿＿＿

＿＿＿＿＿＿＿＿＿＿＿＿＿＿＿＿＿＿＿＿＿＿＿＿＿＿＿＿＿

＿＿＿＿＿＿＿＿＿＿＿＿＿＿＿＿＿＿＿＿＿＿＿＿＿＿＿＿＿

步骤七：送客

［基础任务］顾客完成消费后，要礼貌地送顾客离店，给顾客留下美好的购物体验，吸引顾客再次来店购物。

送客：＿＿＿＿＿＿＿＿＿＿＿＿＿＿＿＿＿＿＿＿＿＿＿＿＿

＿＿＿＿＿＿＿＿＿＿＿＿＿＿＿＿＿＿＿＿＿＿＿＿＿＿＿＿＿

＿＿＿＿＿＿＿＿＿＿＿＿＿＿＿＿＿＿＿＿＿＿＿＿＿＿＿＿＿

＿＿＿＿＿＿＿＿＿＿＿＿＿＿＿＿＿＿＿＿＿＿＿＿＿＿＿＿＿

·············· ◎ 工作项目评价

评价方式采用多元化评价，评价主体由学生、小组、教师和企业构成，评价标准、分值及权重如下所示：

1.学生对自我在工作活动中的职业核心能力进行自评，将自评结果填入职业核心能力自测表，见表3-1-5。

表3-1-5　　　　　　　　　　　　职业核心能力自测表

（在□中打√，A通过，B基本通过，C未通过）

职业核心能力	评估标准	自测结果
自我学习	1.能进行时间管理	□A □B □C
	2.能选择适合自己的学习和工作方式	□A □B □C
	3.能随时修订计划并进行意外事件处理	□A □B □C
	4.能将已经学到的东西用于新的工作任务	□A □B □C
信息处理	1.能根据不同需求去搜寻、获取并选择信息	□A □B □C
	2.能筛选信息并进行信息分类	□A □B □C
	3.能使用多媒体等手段来展示信息	□A □B □C
数字应用	1.能从不同信息源获取相关信息	□A □B □C
	2.能依据所给的数据信息作简单计算	□A □B □C
	3.能用适当方法展示数据信息和计算结果	□A □B □C
与人交流	1.能把握交流的主题、时机和方式	□A □B □C
	2.能理解对方谈话的内容，准确表达自己的观点	□A □B □C
	3.能获取信息并反馈信息	□A □B □C
与人合作	1.能挖掘合作资源，明确自己在合作中能够起到的作用	□A □B □C
	2.能同合作者进行有效沟通，理解个性差异及文化差异	□A □B □C
解决问题	1.能说明何时出现问题并指出其主要特征	□A □B □C
	2.能作出解决问题的计划并组织实施计划	□A □B □C
	3.能对解决问题的方法适时作出总结和修改	□A □B □C
革新创新	1.能发现事物的不足并提出新的需求	□A □B □C
	2.能创新性地提出改进事物的意见和具体方法	□A □B □C
	3.能从多种方案中选择最佳方案并在现有条件下实施	□A □B □C
学生自我打分		

2.学生以小组为单位，对本工作项目的实施过程与结果进行自评，将自评结果填入小组自评表，见表3-1-6。

表3-1-6　　　　　　　　　　　小组自评表

评价内容	评价标准	分值（分）	评分（分）
团队建设	团队合作紧密、互帮互助	10	
	工作态度端正、作风严谨	15	
	遵守法律法规和工作准则	10	
工作情况	计划制订周密、组织有序	15	
	按计划、高效率完成工作	20	
	工作成果完整且质量达标	30	
合　计		100	

3.教师就专业操作能力对小组工作过程与结果进行评价，将评价结果填入专业能力测评表，见表3-1-7。

表 3-1-7 专业能力测评表

（在□中打√，A掌握，B基本掌握，C未掌握）

业务能力	评价指标	自测结果	备注
接待顾客	1.能够对顾客进行准确地分类并提供针对性的服务 2.能妥善处理顾客的异议 3.能顺利完成顾客接待服务工作	□A □B □C □A □B □C □A □B □C	
教师评语：			
教师打分		教师签字	

4.企业对小组工作过程与结果进行评价，将结果填入企业评价表，见表3-1-8。

表 3-1-8 企业评价表

关键考核指标	分值（分）	得分（分）
能够对顾客进行准确地分类并提供针对性的服务	20	
能妥善处理顾客的异议	40	
能顺利完成顾客接待服务工作	40	
合计	100	

5.根据上述结果填写综合评价表，见表3-1-9。

表 3-1-9 综合评价表

自我评价（10%）	小组自评（10%）	教师评价（50%）	企业评价（30%）	综合评价

工作活动2
顾客投诉处理

⬤ 工作活动目标

1.了解顾客投诉的类型及方式；

2.掌握处理顾客投诉的程序；

3.学会制作处理顾客投诉意见的各种表格。

● 职业工作情境

投诉是每个提供产品和服务的组织都会遇到的问题，即使是以服务取胜的知名餐饮品牌——海底捞也不例外。处理顾客投诉是一项非常具有挑战性的工作，及时、有效地处理顾客的投诉，能够为门店赢得顾客赞赏。合格的门店服务人员能够熟练掌握顾客投诉意见处理程序，对待投诉做到心中有数，有效处理。

（动画）3-6

处理顾客
投诉的原则

（思政微课）
3-7

发扬开放
创新的商业
精神，有效
提升顾客
服务水平

● 职业知识储备

知识点1
顾客投诉意见处理程序

相关研究表明，争取一位新顾客的成本是保住一位老顾客的成本的5~6倍。因此，店铺一定要重视并处理好顾客投诉。连锁企业门店中的任何人员，不论是基层服务人员、管理人员还是总部负责顾客服务的专职人员，不管在门店中有没有处理顾客投诉的权力，在接到顾客投诉意见时的处理原则都是一致的：妥善处理每一位顾客的不满与投诉，并且在情感上使之觉得受到尊重。无论处理什么样的投诉，都必须以顾客的思维模式寻求解决问题的方法。因此，在处理顾客投诉意见时应遵循一定的程序。

一、有效倾听

（一）目的

所谓有效倾听，是指诚恳地倾听顾客的诉说并表示完全相信顾客所说的一切，让顾客先发泄完不满的情绪，心情得到平复，然后倾听顾客抱怨的细节，确认问题的所在。

（二）方法

1.让顾客发泄

不论是什么样的抱怨，都不要试图马上为自己辩解，应让顾客先说完，顾客会因此而得到安慰。无处理权限的员工遇到顾客投诉时，也必须在不打断顾客说话的前提下，委婉地向顾客解释，如"很抱歉我们给您带来了麻烦，但是我无权给您一个满意的答复，万一答错的话反而会再给您添麻烦，所以我马上去请我们的负责人来，请您稍等"，然后立即去找相关的负责人。

2.情绪发泄过渡到事件

在顾客发泄情绪的过程中尽量通过一个开放式的问题，把顾客从情绪引导到事件上，让他把问题讲述出来，平复情绪。但是，不能让顾客有被质问的感觉，遇到不明白的地方，应以婉转的方式请顾客说明情况。例如："很抱歉，刚才有一个地方我还不是很明白，可不可以再向您问问有关……的问题。"在顾客说明时投以肯定的眼神，随时以点头或"我懂了"等方式来表明对问题的了解。

3.明确投诉原因

在顾客讲述事件过程中要填写顾客投诉意见登记表（见表3-2-1），及时记录投诉要点，遇到不明白的地方，应以婉转的方式请顾客说明情况。例如："很抱歉，刚才有一个情况我还不是很明白，可不可以再向您问问有关……的问题"，不能让顾客有被质问的感觉，记录完毕请顾客确认，这样会给顾客留下好印象，也有利于进一步处理。

表3-2-1   顾客投诉意见登记表

顾客姓名		联系电话	
工作单位		联系地址	
所购商品		投诉类型	
投诉原因：			
顾客要求：			
投诉接待人员意见：			
记录人		记录日期	

（三）注意事项

1.就事论事，对事不对人

当顾客对连锁门店的工作人员表达不满时，在言语和态度上往往带有一定的情绪，甚至可能有非理性的行为。这很容易使接待或处理顾客抱怨的工作人员觉得顾客是在指责他个人。在情绪的感染下，工作人员也很容易被激怒，从而采取防卫的行为和态度，甚至不愿意面对和处理顾客的抱怨。

事实上，这是一种最不好的处理方式，因为这样做只会导致顾客产生更多的情绪反应。其实，顾客的抱怨并非针对个别的服务人员，工作人员采取正面的应对态度往往可以让对方产生正面的反应，很多事情并不需要用冲突的方式来解决。因此，为了缓解顾客的激动情绪，可以客观地面对问题，工作人员一开始应是平心静气，用友善的态度请顾客说明事情的原委。

2.充满自信，充分认识自己的角色

每一位处理顾客抱怨的工作人员都身兼连锁门店代表和顾客代表的双重身份，不仅门店要通过工作人员处理各种抱怨以满足顾客的需要，为企业带来营业上的利润，同时顾客也要通过工作人员来表达自己的意见和维护自己的消费权益。因此，门店的工作人员除了要自觉认识自己的角色外，还必须以自信的态度面对顾客的抱怨，让企业和顾客双方都得到最大的利益，而不是以回避的方式来忽略自己的重要性。

二、表示歉意

（一）运用同理心

同理心，就是站在对方立场设身处地思考的一种方式。在有效倾听顾客投诉的事情原委后，工作人员应以同理心来回应顾客的投诉意见，要不带任何偏见地站在顾客的立场来回应顾客的问题，即扮演顾客的支持者角色，让顾客知道接待人员对问题的了解和态度。

顾客的愤怒带有强烈的情感因素，如果能够首先在情感上向对方表示理解和支持，那么最终圆满解决问题就有了良好的开端。在表示理解与同情的时候，态度一定要诚恳，否则会被顾客理解为心不在焉的敷衍，反而刺激顾客的愤怒。表达理解，必须找到双方的一致点。表达理解和同情可以充分利用各种方式，如以眼神来表示同情，以诚心诚意、认真的表情来表示理解，以适当的身体语言如点头等表示认同。

（二）表示歉意

不论引起顾客抱怨的责任是否在于连锁门店，工作人员都应该诚心地向顾客道歉，并感谢顾客提出问题，这会让顾客觉得自己受到了尊重。事实上，从连锁门店的立场来说，如果没有顾客提出抱怨，企业的从业人员就不知道在营业上还有哪些地方有待改进。一般来说，顾客向企业抱怨，说明他们愿意继续光临，并且希望这些问题能够得到解决。因此，任何一个向连锁门店提出抱怨的顾客，工作人员都应向其表示道歉和感谢。

三、分析顾客投诉的类型

（一）对商品的投诉

1.价格

超市门店销售的商品大部分为非独家经营的商品，在信息时代，顾客对各商家的价格易于作出比较。特别是日用品、食品、生鲜果蔬类商品，是顾客经常购买的商品，因此顾客对价格十分熟悉。顾客往往会因为虚假折价、虚夸标价、虚构原价、价格过高等向门店提出意见。

2.质量

商品质量问题往往是顾客投诉意见最集中的问题。商品质量问题主要有假冒伪劣商品、坏品、超过保质期、品质差、商品重（数）量不足、包装破损及商品标识不当等。许多商品的品质往往要打开包装使用时才能作出判别。特别是食品，由于储存、陈列不当引起的问题较多。打开包装或使用时发现商品品质不好时，通常顾客的反应较强烈，意见较大，引起的投诉亦较多。

3.缺货

顾客对门店商品缺货的投诉，主要是对热销商品和特价商品的缺货、商品品种不全产生不满。门店经常性的缺货不仅会流失老顾客，而且有损整个连锁企业的形象。

（二）对服务的投诉

1.营业员的服务态度欠佳

营业员的服务态度欠佳的表现包括：接待顾客不热情，对顾客的询问置之不理；与顾客距离太近，表现出过分的殷勤，给顾客造成一定的压力；以貌取人，不能平等对待每一位顾客，不够尊重顾客；服务顾客过程中表现出不耐烦，不能微笑待客；太过于追求业绩，对于没有消费的顾客冷嘲热讽。

2.营业员的专业能力欠缺

营业员的专业能力欠缺包括：不了解顾客需求，自我地推荐产品，引起顾客的厌烦和抱怨；商品的相关知识不足，无法答复顾客的询问；专业能力欠缺，介绍商品信息有误，给顾客造成误解。

3.营业员的服务作业失误

营业员的服务作业失误包括：结算错误、多收钱款、少找钱；包装作业失当，导致商品损坏，入袋不完全，遗留顾客的商品；结算速度慢、收银台开机少，造成顾客等候时间过久；顾客寄放的物品遗失或寄放物品存取发生错误；抽奖或赠品发放等促销活动的不公平；顾客的投诉意见未能得到及时妥善的解决、送货太迟或送错了地方；不遵守约定，顾客履约提货而货却未到等。

4.对服务相关规定的投诉

连锁门店会制定一系列的服务相关规定来规范门店的顾客服务，它是衡量企业服务水平的一项重要内容。服务规章制度设置不合理会导致顾客的不满，并且引发顾客投诉。这类投诉集中在商品售后服务、存包规定及各种增值服务（规定）如配送服务、安装服务等方面。

（三）对安全和环境的投诉

1.意外事件的发生

意外事件是指顾客在卖场购物时因卖场安全管理不当被意外伤害，如因地滑而摔倒、因停电而被碰撞或发生损失等。

2.门店环境的影响

门店环境的影响包括：顾客感觉环境不舒适，如灯的亮度不够、空气不流通、温度过高或过低、商场内音响声太大等；卖场走道内的包装箱和垃圾没有及时清理，影响卖场整洁和卫生；商品卸货时影响行人的交通等。

四、确认责任归属

顾客所投诉问题的责任方不一定是店方，问题可能是由供应商或是顾客本人造成的，因而门店应确认责任归属。责任归属不同，门店提出的解决方案就会不同。如责任在于门店，门店当然应负责解决（如销售已过保质期的商品）；如责任在于商品生产厂商，门店应负责联络厂商协助解决（如商品包装内发现了异物）；如责任在于顾客，店方则要心平气和地作出令顾客信服的解释，并尽可能为顾客提供补救措施或给出其他消费建议（例如，顾客投诉特价商品缺货，而此项缺货是在DM广告上明确注明售完为止的商品，但顾客并未注意）。

五、提出解决方案

对所有的顾客投诉，都应有处理意见，都必须向对方提出解决投诉的方案。在提出解决方案时，以下三点必须加以考虑：

（一）连锁企业既定的顾客投诉意见处理规定

一般连锁企业对于顾客的投诉意见都有一定的处理规定。门店在提出解决投诉

（动画）3-8

处理顾客的
投诉方式
——电话
投诉处理

（动画）3-9

处理顾客的
投诉方式
——信函
投诉处理

（动画）3-10

处理顾客的
投诉方式
——当面
投诉处理

方案时，应事先考虑到连锁企业的方针以及顾客投诉意见处理的有关规定，既要迅速解决又不能轻率地承担责任。考虑连锁企业的既定方针，主要是为了研究能否立刻回复顾客，有些问题只要按照既定的办法即可立即解决，如门店商品退换货的处理等。至于无法按照既定办法解决的问题，就必须考虑根据连锁企业的既定方针作出弹性的处理，以便提出双方都满意的解决办法。

（二）利用先例

处理顾客投诉最重要的事情之一，就是要让所有投诉事件的处理质量都具有一致性。如果同一类型的顾客投诉，因为处理人员的不同而有不同的态度和做法，会让顾客丧失对企业的信心。因此，相关人员在处理顾客投诉时要注意适当地利用先例，和以前类似事件相比较，了解二者是否有共同点，参照类似投诉事件的解决方案处理同类抱怨意见，在方式上可以基本保持一致。对门店来说，坚持以公平一致的态度对待所有顾客的投诉，也能提高门店对顾客投诉意见处理的效率。

（三）让顾客同意提出的解决方案

处理人员提出任何解决方案，都必须亲切诚恳地与顾客沟通，以期获得顾客的同意，否则顾客的情绪还是无法平复。若是顾客对解决方案仍然不满意，必须进一步了解对方的需求，以便作新的修正。有一点是相当重要的，即对顾客提出解决方案的同时，接待人员和处理人员必须尽力让顾客了解他们对解决这个问题所付出的诚心与努力。

六、执行解决方案

第一，当双方都同意解决方案之后，必须立刻执行。如果在自己的权限之内，应迅速行动，务必圆满解决；如果由于权限问题或者需要与第三方协商而不能立即解决时，则应明确告诉顾客原因、处理的过程和手续，并与顾客约定处理时长，将经办人员的姓名、电话告知顾客，同时请顾客留下联系方式，以便事后跟踪。

第二，在顾客等候处理结果期间，处理人员应随时跟踪抱怨的处理过程，遇到变动必须立即通知顾客，直到事情全部处理完毕为止。对移交给其他部门处理的顾客投诉，工作人员必须了解事情的进展情况，定时追踪，以便顾客询问时能迅速、准确地回答。

七、资料归档

（一）书面记录，分析结果

从顾客投诉发生到投诉妥善解决的全过程，门店都应有统一的表格进行书面记录，包括投诉产生的原因、处理结果、处理后顾客的反馈以及门店今后的改进方法等，见表3-2-2。每次顾客投诉意见的记录，门店都应存档，以便日后遇到类似问题的投诉进行查询。门店还应定期检讨产生投诉意见的原因，从而加以修正。

在检讨时，有两点需要管理者注意：一是许多投诉都是可以事先预防的，门店一旦发现某些投诉意见是经常性发生的，就必须组织力量进行调查，追查问题的根源，制定此类事件的处理办法，并及时作出改进管理和作业的规定，以尽量杜绝今后此类事件再次发生；二是若属偶然发生或特殊意外情况的顾客投诉意见，门店也应有明确的规定，作为再遇到此类事件的处理依据。

表 3-2-2 顾客投诉意见处理登记表

顾客姓名		受理日期	
地址		发生日期	
联系电话		最后联系方式	
投诉项目		结束日期	
发生地点		投诉方式	
投诉事件经过：			
处理原则依据：			
事件处理经过：			
事件处理结果：			
处理人员：			
经理：			
意见备注：			

（微课）3-11

顾客投诉
处理及服务
质量评价

（二）宣传督导，预防再次发生

所有的顾客投诉事件都应通过固定的渠道（如例行早会、公告栏或内部刊物等）在店内或总公司所属的各部门进行宣传，让工作人员能够迅速了解投诉事件处理时应避免的不良影响，防止类似事件再次发生。

图 3-2-1 为顾客投诉意见处理程序流程图。

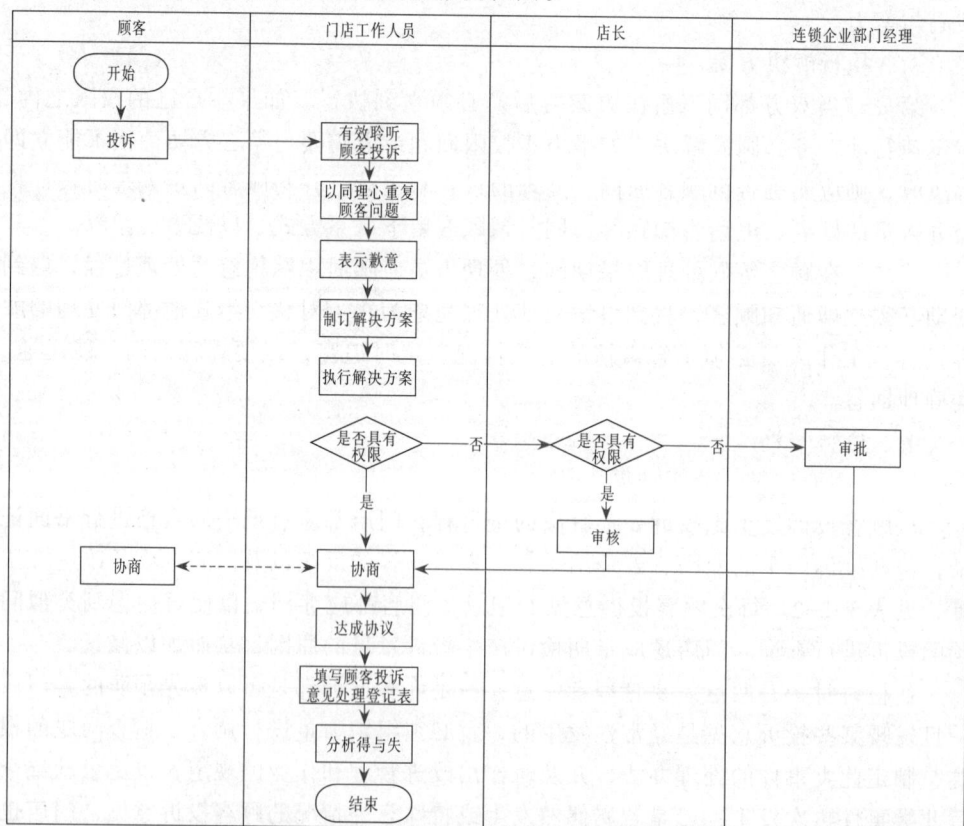

图 3-2-1　顾客投诉意见处理程序流程图

·········○ 职业技能操练

工作项目

本地某连锁企业门店顾客投诉意见处理程序实训。

项目背景

王女士在太原一连锁企业的某个门店购买了刚上市的山竹，价格昂贵。店员承诺山竹口味酸甜，水分大，品质优。由于家务事多，王女士前两天忘记食用山竹了，等到第三天，王女士打开山竹，发现大部分都坏了。想起山竹的价格及店员的承诺，王女士异常愤怒，怒气冲冲地冲到门店与店员进行理论。作为王女士的接待人员，你会怎么处理王女士的投诉？

工作目标

● 学生对某一门店的顾客投诉进行实习观摩，掌握顾客投诉意见处理程序

工作计划

将顾客投诉意见处理工作计划填入表3-2-3。

表3-2-3　　　　　　　顾客投诉意见处理工作计划表

工作要点	任务描述
有效倾听，明确投诉原因	
运用同理心，表示歉意	
分析顾客投诉意见的类型	
确认责任归属	
提出解决方案	
执行解决方案	
资料归档	

工作实施

步骤一：有效倾听，明确投诉原因

[基础任务] 面对顾客的投诉有效倾听，运用一定的方法明确顾客投诉原因。

提供暖心的服务，让顾客充分发泄不满情绪：＿＿＿＿＿＿＿＿＿＿＿＿＿＿

＿＿＿＿＿＿＿＿＿＿＿＿＿＿＿＿＿＿＿＿＿＿＿＿＿＿＿＿＿＿＿＿＿＿＿＿

＿＿＿＿＿＿＿＿＿＿＿＿＿＿＿＿＿＿＿＿＿＿＿＿＿＿＿＿＿＿＿＿＿＿＿＿

＿＿＿＿＿＿＿＿＿＿＿＿＿＿＿＿＿＿＿＿＿＿＿＿＿＿＿＿＿＿＿＿＿＿＿＿

引导顾客从情绪发泄过度到事件本身：_____

_____

_____

_____

填写顾客投诉意见登记表，明确投诉原因：_____

_____

_____

_____

步骤二：运用同理心，表示歉意

［基础任务］针对顾客的投诉，要扮演顾客的支持者角色，以诚心诚意、认真的态度来表示对顾客的理解和自己的歉意。

站在顾客角度回应顾客的投诉意见：_____

_____

_____

_____

诚心诚意地表达理解和歉意：_____

_____

_____

_____

步骤三：分析顾客投诉意见的类型

［基础任务］根据顾客的表述，分析顾客投诉意见的类型。

投诉意见类型：□商品　　□服务　　□安全与环境

分析原因：_____

_____

_____

_____

步骤四：确认责任归属

［基础任务］根据顾客投诉类型的不同及对投诉事件的了解，判定投诉事件的责任归属。

门店：_____

_____

_____

_____

供应商：_____

_____

_____

_____

顾客自身：_____

_____

_____

_____

步骤五：提出解决方案

[基础任务] 对所有的顾客投诉，都应有处理意见，都必须向对方提出解决投诉的方案，解决方案应有对应的依据。

连锁企业既定的顾客投诉意见处理规定：_____

_____

_____

_____

利用先例：_____

_____

_____

_____

请顾客同意提出的解决方案：_____

_____

_____

_____

步骤六：执行解决方案

[基础任务] 处理顾客投诉的执行方案确定以后，要立即准备执行。

执行类型：□可以立即执行　□不可以立即执行

具体对策：_____

_____

_____

追踪进度，安抚顾客：_____

_____

_____

_____

步骤七：资料归档

[基础任务] 对顾客投诉的处理，应做好完整的书面记录并存档，以便日后查询和定期分析投诉处理的得失。

书面记录，分析结果：_____

_____

_____

_____

宣传督导，预防再次发生：_____

_____

⚬ 工作项目评价

评价方式采用多元化评价，评价主体由学生、小组、教师和企业构成，评价标准、分值及权重如下所示：

1.学生对自我在工作活动中的职业核心能力进行自评，将自评结果填入职业核心能力自测表，见表3-2-4。

表3-2-4　　　　　　　　　　　　职业核心能力自测表

（在□中打√，A通过，B基本通过，C未通过）

职业核心能力	评估标准	自测结果
自我学习	1.能进行时间管理	□A □B □C
	2.能选择适合自己的学习和工作方式	□A □B □C
	3.能随时修订计划并进行意外事件处理	□A □B □C
	4.能将已经学到的东西用于新的工作任务	□A □B □C
信息处理	1.能根据不同需求去搜寻、获取并选择信息	□A □B □C
	2.能筛选信息并进行信息分类	□A □B □C
	3.能使用多媒体等手段来展示信息	□A □B □C
数字应用	1.能从不同信息源获取相关信息	□A □B □C
	2.能依据所给的数据信息作简单计算	□A □B □C
	3.能用适当方法展示数据信息和计算结果	□A □B □C
与人交流	1.能把握交流的主题、时机和方式	□A □B □C
	2.能理解对方谈话的内容，准确表达自己的观点	□A □B □C
	3.能获取信息并反馈信息	□A □B □C
与人合作	1.能挖掘合作资源，明确自己在合作中能够起到的作用	□A □B □C
	2.能同合作者进行有效沟通，理解个性差异及文化差异	□A □B □C
解决问题	1.能说明何时出现问题并指出其主要特征	□A □B □C
	2.能作出解决问题的计划并组织实施计划	□A □B □C
	3.能对解决问题的方法适时作出总结和修改	□A □B □C
革新创新	1.能发现事物的不足并提出新的需求	□A □B □C
	2.能创新性地提出改进事物的意见和具体方法	□A □B □C
	3.能从多种方案中选择最佳方案并在现有条件下实施	□A □B □C
学生自我打分		

2.学生以小组为单位，对本工作项目的实施过程与结果进行自评，将自评结果填入小组自评表，见表3-2-5。

表 3-2-5　　　　　　　　　　　　　小组自评表

评价内容	评价标准	分值（分）	评分（分）
团队建设	团队合作紧密、互帮互助	10	
	工作态度端正、作风严谨	15	
	遵守法律法规和工作准则	10	
工作情况	计划制订周密、组织有序	15	
	按计划、高效率完成工作	20	
	工作成果完整且质量达标	30	
合　计		100	

　　3.教师就专业操作能力对小组工作过程与结果进行评价，将评价结果填入专业能力测评表，见表 3-2-6。

表 3-2-6　　　　　　　　　　　　　专业能力测评表

（在□中打√，A掌握，B基本掌握，C未掌握）

业务能力	评价指标	自测结果	备注
掌握顾客投诉意见处理步骤	1.对顾客投诉事件进行责任归属 2.提出恰当的解决方案 3.顺利执行解决方案	□A　□B　□C □A　□B　□C □A　□B　□C	
填写顾客投诉意见相关表格	能做好投诉意见的书面记录并整理归档	□A　□B　□C	
教师评语：			
教师打分		教师签字	

　　4.企业对小组工作过程与结果进行评价，将结果填入企业评价表，见表 3-2-7。

表 3-2-7　　　　　　　　　　　　　企业评价表

关键考核指标	分值（分）	得分（分）
能冷静应对顾客的情绪发泄，始终保持心平气和	20	
能提出适宜的可执行的解决方案	40	
能根据各方的权限范围妥善解决顾客投诉	40	
合　计	100	

　　5.根据上述结果填写综合评价表，见表 3-2-8。

表 3-2-8　　　　　　　　　　　综合评价表

自我评价（10%）	小组自评（10%）	教师评价（50%）	企业评价（30%）	综合评价

工作活动 3
会员关系管理

◯ 工作活动目标

1. 掌握会员关系管理的具体流程；
2. 掌握实施会员制的注意事项；
3. 学会编制会员档案。

◯ 职业工作情境

（微课）3-12

顾客忠诚的
价值

（微课）3-13

如何培养
顾客忠诚度

在企业参与市场竞争的资源中，顾客资源是至关重要的，顾客资源的有效管理与维护应是整个企业的事情，是企业健康发展的前提。顾客关系是连锁企业与顾客之间的外部公共关系，是连锁企业赖以生存和发展的土壤。顾客关系处理得好坏，将直接关系到连锁企业的命运。

一家门店有 80% 的业绩是由 20% 的会员创造的，如何来服务好这 20% 的精品顾客，提高其对门店的忠诚度，是一项费时、费力、工作量大且需要长期执行的工作，没有充足的准备、合理的规范及员工的高度责任心是无法顺利完成的。会员管理包括确定目标会员、会员征集与推广、建立会员档案及确定会员营销活动等环节。

◯ 职业知识储备

知识点 1
确定目标会员及会员形式

一、确定目标顾客群

哪些客户可以成为门店的潜在客户，这是门店需要根据其定位进行会员管理的第一个问题。正确地选择目标市场，根据目标顾客需求提供有针对性的服务，可以更好地让目标顾客满意，进而达到顾客忠诚。

（一）通过市场研究，进行市场细分

门店应该对商圈顾客进行详细的市场调查分析，进行市场细分。通过各地方统计局及其他相关部门了解商圈内各职业人数的比例、各年龄段人数的比例、按各地平均工资水平而分成高、中、低档工资水平人数的比例等，门店可以了解潜在顾客的比例及规模，并以此作为对市场细分的依据，初步对市场进行细分。

（二）分析顾客终身价值，确定目标市场

对门店而言，每一位顾客都有一个终身价值。通过对顾客终身价值的评估给潜在顾客定级，并确定整个商圈内各级顾客的比例及数量，找出终身价值高的顾客群，然后结合连锁门店自身的资源条件及经营目标，可以确定目标顾客。

（三）分析不同类型顾客的需求特征

不同类型顾客具有不同的需求特征，连锁门店可以调整商品结构、促销时间、商品定价等策略，提升不同类型顾客对品牌的忠诚度。

二、选择会员形式

目标顾客群的选择与会员制为会员提供的服务有直接的关联。因为每一个目标顾客群都有自己的偏好，要求得到的利益也有不同，按照目标顾客群的不同，可将会员制分为以下3种形式：

（一）付费会员制

个人或者企业一次性向连锁企业交纳一定数额的会费，成为终身会员，永远不需要再续费，可永久享受一定的购物价格优惠和一些特殊的服务项目。该种会员制适用于目标顾客群数量少、具有一定消费能力、对服务有较高要求并且对个人信息有保密要求的连锁门店，会员数量少，可提供一对一的高端、精准的服务。国内很多高端的高尔夫球场就是采用付费会员制，消费者一次性交纳一定的会费即可享受终身免费打球。

（二）储值卡会员制

消费者在连锁门店办理储值卡即可成为门店会员，并且根据储值金额不同，成为不同等级的会员，享受不同的会员服务。储值卡会员制适用于目标顾客群固定的、消费频率高的周期性购物门店。一般来说，储值金额越大，会员等级越高，享受的会员服务也越广泛。比如，某美容美发连锁店，储值500元即可成为门店的黄金会员，进店消费可享受门店9折优惠；储值1 500元即可成为铂金会员，进店消费可享受门店8折优惠；储值3 000元即可成为门店钻石会员，终身享受门店7折优惠及免费洗发服务。

（三）普通会员制

消费者无须交纳会费或储值，只需在门店会员系统实名注册即可成为连锁门店会员，此后便享受该店的会员服务，如积分、生日打折服务等。该种会员制形式适用于目标顾客群数量多、购物频率高、客单价小的门店。服装门店多采用普通会员制，消费者注册会员后，每次消费金额即可按一定规则进行积分，年底可参与积分兑换优惠券等活动。

知识点 2
会员征集与推广

（思政微课）
3-14

发扬未雨
绸缪的商业
精神，高效
促进路人
转粉

一、收银台吸纳新会员

（一）吸纳方法

吸引顾客到店消费是办理会员的前提，针对消费者"贪便宜"的心理，门店可以在系统后台设置优惠活动来吸引顾客到店消费，并区分会员顾客与普通顾客的优惠力度，让顾客感受到明显的优惠差异，进而产生办理会员的冲动，再由员工适当引导、介绍会员权益，从而促成顾客办理会员卡消费。门店还可以设置开卡营销活动，让顾客体会到超值，这样，顾客自然而然地就会办卡了。

（二）注册流程

顾客扫描门店会员系统二维码进入注册页面，填入真实姓名、生日、职业、家庭住址、联系方式等基本信息，为保证收集到的联系方式的真实性，可设置获取本机电话号码功能，使顾客无须手动填写即可精准识别其电话号码，提交后即可成为门店会员。

二、通过会员裂变，以老带新

门店可以采取"以老带新"的会员推荐方式开拓新会员，通过连锁门店会员管理系统，设置推荐积分奖励，新会员注册并填写推荐人信息，推荐人获得奖励积分。通过这样的方式，可以鼓励老会员向身边的潜在用户推荐店铺，既可以提升顾客对店铺的信任感，也有助于口碑的传播，并吸引更多的非会员顾客办理会员享受专属权益。通过这种方式获取的会员顾客，更具有营销价值，购买欲望更强烈，其消费属性决定了其成为优质会员的潜质，门店在开展会员营销时，可着重关注这个群体。

三、注意事项

简化办卡流程，降低会员门槛。很多会员被店铺活动吸引或者经朋友推荐到店，却在办理会员时，因为流程太过复杂、办卡门槛过高而放弃，门店因此丢失了意向用户，所以门店应该适当简化办卡流程并降低会员门槛。例如，只留下电话号码、姓名即可完成会员办理手续，下次消费报电话号码即可。

知识点 3
建立会员档案

建立会员档案的目的是形成以会员为中心的营销机制，从而实现吸引会员、留住会员并且与会员建立长期稳定关系的目标。

一、会员基本信息

（一）基本内容

建立完善的会员档案是企业会员管理、个性化服务、营销设计的关键。顾客注册成为会员后，门店从会员系统即可导出顾客提交的基本信息，包括姓名、职务、生日、地址、联系方式等。为了实行更精准的会员营销，门店还需要收集会员的职业、家庭状况、兴趣爱好、个人消费习惯、生活习惯以及对促销活动的接受程度等信息。

（二）注意事项

收集信息时需要以亲切、关心的服务态度让会员安心，告知会员我们收集信息是为了提供更有针对性的服务，并且要保证顾客的资料不会被外泄。

二、会员消费记录

顾客成为会员后，每次消费后结账时只需报手机号即可享受会员积分活动是比较便利的，顾客的购买记录应同时保存在会员消费系统里，包括购买商品编号、购买数量、消费时间等，会员档案见表3-3-1。企业可以根据会员的消费历史记录分析得出每位会员不同的消费偏好，根据会员消费时间的记录分析会员消费某一商品的周期。由此，企业可以在合适的时间给会员消费者传递符合其消费个性的商品目录信息，进行非常有效的广告宣传，或者直接在合适的时间将某种商品小样等送到合适的会员消费者手中，这样可以让会员感觉到企业时时刻刻都在关心会员，真正建立起会员与企业之间的感情。

表3-3-1　　　　　　　　　会员档案

基本信息					
会员姓名		性别		入会时间	
联系电话		生日		微信	
会员现等级		会员原等级		会员等级变动记录	
身份证号码				E-mail 地址	
工作单位					
月收入	□5 000元以下		□5 001～10 000元		□10 000元以上
邮寄地址					
会员消费明细					
消费商品	消费金额	消费时间	会员积分	余额	备注

知识点4
会员营销活动

一、活动内容

（一）增值服务

1.主要内容

增值服务是指门店为会员提供的超出基本服务范围的、能给会员带来附加值的各种延伸服务。增值活动一般都是无形的，而且是与企业或产品相关的利益，因此不易被竞争对手所模仿。比如，服装店的免费裁剪、修补、清洁等；生鲜店的免费清洗、切块、包装等；每年向老顾客赠送生日福利；免费上门送货、取货等。

2.注意事项

做好会员增值服务的连续性。有些门店在增值服务中也想了很多新奇点子，如生日俱乐部、血型座谈、亲子教育、家庭竞赛、妈妈秀等，但是很多活动没有全盘计划，经常被临时通知，让会员感觉不到系统性，没有稳定感和自我把控感，所以参与性和关注点就会大打折扣。门店之所以实行会员制，就是用这个平台提供跟顾客重复见面和沟通的机会，让品牌不断在会员头脑中加深记忆，让会员对门店的活动和品牌形成习惯和产生依赖。因此门店常规的会员活动模块和举办时间应该是固定的，会员中心也应该在前一个年度末就将下一年度会员活动计划出来并告知会员，让会员能感受到门店全年丰富的增值活动，提前感受收获感，增强期望值和忠诚度。

（二）优惠活动

1.主要内容

优惠活动被认同为有形利益，它为会员带来某些方面的成本节约。通常情况下，都是财务方面的利益，如积分兑现、享受折扣、提供赠券等。

2.注意事项

让会员的增值尽可能量化。会员的增值活动不仅仅要做，更重要的是要让增值量化，从而产生消费攀登。比如，我们很多人在超市都有会员卡，但是很少去刷，更别说积分多少，因为在会员心目中，这个积分返还时间太久，感觉还有点儿虚，不知道会是什么，脑海中没有明确的概念。就比如，现金100元的5%和现金5元，一定是后者更容易被顾客直接感觉到。因此，门店应该将增值服务定期量化给会员。举个例子，如果会员管理系统统计到顾客平均每周消费500元，那么系统就会提醒会员："尊敬的×××会员，您好！感谢您对我们一直以来的厚爱！温馨提示：您目前每周平均消费500元，现积分×××，如继续常规消费，一年将获得积分×××××，年底可直接换取价值200元的物品一件（产品任意选择）；如果您每周消费800元，一年可获得积分×××××，年底可直接换取价值500元的物品一件（产品任意选择），祝您购物愉快！"门店的会员收到这样的信息是不是会感觉消费目标更明确、心理更踏实呢?!

二、营销形式

（一）现场营销

现场营销是指直接将会员营销活动内容、形式、时间及规则等张贴于门店内，使得进店顾客可以直接获知营销活动的有关内容。门店也可以在卖场内特定商品的前方制作POP广告，说明商品特色、用途或使用方法，在服务台免费派送消费信息印刷品，也可以利用门店设置的固定公告栏来提供商品信息。

（二）短信营销

在现如今手机普及度如此高的情况下，短信营销是门店营销过程中必不可少的营销形式之一。作为基础性的营销形式，快速、便捷、低廉的特点使其深受门店欢迎。要做好短信营销需要注意以下3点：

1.对用户进行明确的分类，有针对性地发送不同的短信内容

比如，对于近30天购买一次的新会员，建议向其发送优惠信息，努力让会员形成第二次购买；近30天购买两次的会员，建议发送会员升级信息，如购买满××元可成为店铺高级会员、可享受××折优惠等；在1～3月内购买了一两次的会员，可发送店铺新品信息，用新品刺激会员再次进店购买；而在3个月以上未曾购买3次以上的会员，可先发送关怀短信，慢慢重新与该类型会员建立感情，之后再发送营销短信，重新激活已经有点儿沉睡的高质量会员。

2.关怀+营销，主动抓住用户

短信营销的目的是吸引会员下单、唤醒沉睡会员、活动预热等，短信内容不仅要包含营销活动的相关内容，还要包含会员的基本信息，让会员感觉到其对于门店的重要性，同时在特殊的节日还要附上节日的祝福，从而有利于从情感上获得会员的认同，使其与门店建立长期紧密关系。格式可以是：【店铺名称】用户昵称+促销信息（或新品信息）+有效时间+关怀或者祝福的话。比如：【××服装店】亲爱的宝，××节日马上到了，××服装店30款新品7折等你哟，还有免费的大礼包可以抽取，提前祝您节日愉快！

3.注意短信发送的时间

比如，在门店优惠期间，建议短信促销时间段分为预热期、活动期间和活动余温期。不同期间根据用户的不同类型发送不同内容。预热期间，可以提前两天针对老客户发送关怀和提醒大促活动时间的短信；活动期间，可在用户拍下6～10分钟内发送大促优惠信息提醒；活动扫尾期间，可给当天没能支付的用户发送宝贝库存不多的短信或者店铺优惠延续的促销内容。

（三）微信营销

1.吸粉

微信吸粉的方式有很多，常见的有以下3种：

（1）新店开业免费送礼品时，让顾客添加门店微信号，再转发新店开业活动内容。

（2）办理会员卡时，让会员添加门店微信号，进入门店会员微信群。

（3）部分客人对于购买商品种类无法立即确定时，让客人添加门店微信号，回去后有问题也可以通过微信先联系门店，门店可以先帮客人预留货品。

2.贴标签

由于微信没有分类功能，因此门店只能用贴标签的方式对好友进行分类。门店可以给每一个顾客好友贴数个标签，这样就可以从多个维度来定义顾客。

比如，一个顾客好友的标签是：重点会员、女性、福州、意向产品等，这样门店就可以有针对性地对其进行管理了。重点女性会员，门店在沟通前应好好想想话术，"三八"节可以针对性地发个问候，福州有突发性恶劣天气情况可以温馨提醒。对顾客的意向产品，当这个产品有优惠活动时第一时间告知她。

总之，贴标签的意义在于更好地互动和沟通，另外贴标签对会员进行分类分层，重点会员重点对待，更有利于维护会员关系。

3.互动

互动是微信会员管理最为重要的环节，是彼此建立信任和好感的基础。微信的互动分为3个板块：微信群、朋友圈、微信沟通（包括一对一沟通和群发消息）

（1）微信群。

微信群可以持续地输出价值。哪怕没人说话门店人员也要输出，其实有很多人在默默地关注微信群，不要一味地追求活跃度，单纯的活跃度一点意义没有。只要门店人员输出的信息有价值，就会有很多人看的，不要以为没人说话就没人看。

微信群可以作分享。不建议直接发送公众号链接，如今公众号文章泛滥，公众号文章被打开的概率非常低，即使是发文章，也要附上简短的文字说明。比如，发小段文字，或者用软件编辑一段话的截图，这样传达信息的效果更好。

（2）朋友圈。

杜绝广告刷屏，广告刷屏会引起顾客的反感，原则上每周的朋友圈广告信息不要超过1条。保持朋友圈的美观，当一个会员点开你的朋友圈主页时，要让他看得舒服，广告尽量少，多增加一些个人动态。

（3）微信沟通。

微信沟通包括一对一沟通和群发，其中一对一沟通是最有效的建立信任的方式，我们要制订针对部分优质会员的计划。群发，一定要在群发时设计好话术，一个好的话术可以明显促进销售甚至带动销售。

-------------○ 职业技能操练

| 工作项目

某连锁企业门店会员管理调研及分析。

| 项目背景

截至2021年，某知名连锁企业全国门店数突破5 000家，会员数高达8 000多万人。庞大的会员体系、高度的顾客忠诚度，使得该连锁企业在2021年营业收入超过100亿元，成为业界的佼佼者。该企业究竟如何管理如此庞大的会员体系，使其成为支撑品类扩张和战略升级的基石，成为我们需要研究的问题。

| 工作目标

● 走访该连锁企业线下门店，对门店会员管理进行调研
● 对门店会员管理进行分析和评价

| 工作计划

将门店会员管理调研计划填入表3-3-2。

表3-3-2　　　　　　　　门店会员管理调研计划表

工作要点	要点分解	任务描述
收集、汇总并分析门店会员管理相关资料	调研门店目标顾客群及会员制类型	
	调研门店进行会员征集与推广的方式	
	调研会员档案	
	调研会员营销活动	

| 工作实施

步骤一：调研门店目标顾客群及会员制类型

［基础任务］通过询问门店营业人员及店长，了解门店目标顾客群及采取的具体会员制类型。

目标顾客群：_____

_____

_____

分析原因：_____

_____

_____

采取的会员制类型：□付费会员制　　□储值卡会员制　　□普通会员制

分析原因：_____

_____

_____

步骤二：调研门店进行会员征集与推广的方式

［基础任务］通过询问门店营业人员和店长，加上对门店过去推广活动资料的查询，了解门店进行会员征集与推广的方式。

推广方式1：_____

_____

_____

推广效果：_____

_____

_____

推广方式2：＿＿＿＿＿＿＿＿＿＿＿＿＿＿＿＿＿＿＿＿＿＿＿＿＿＿＿＿＿
＿＿＿＿＿＿＿＿＿＿＿＿＿＿＿＿＿＿＿＿＿＿＿＿＿＿＿＿＿＿＿＿＿＿＿＿＿
＿＿＿＿＿＿＿＿＿＿＿＿＿＿＿＿＿＿＿＿＿＿＿＿＿＿＿＿＿＿＿＿＿＿＿＿＿
＿＿＿＿＿＿＿＿＿＿＿＿＿＿＿＿＿＿＿＿＿＿＿＿＿＿＿＿＿＿＿＿＿＿＿＿＿

推广效果：＿＿＿＿＿＿＿＿＿＿＿＿＿＿＿＿＿＿＿＿＿＿＿＿＿＿＿＿＿＿＿
＿＿＿＿＿＿＿＿＿＿＿＿＿＿＿＿＿＿＿＿＿＿＿＿＿＿＿＿＿＿＿＿＿＿＿＿＿
＿＿＿＿＿＿＿＿＿＿＿＿＿＿＿＿＿＿＿＿＿＿＿＿＿＿＿＿＿＿＿＿＿＿＿＿＿
＿＿＿＿＿＿＿＿＿＿＿＿＿＿＿＿＿＿＿＿＿＿＿＿＿＿＿＿＿＿＿＿＿＿＿＿＿

推广方式3：＿＿＿＿＿＿＿＿＿＿＿＿＿＿＿＿＿＿＿＿＿＿＿＿＿＿＿＿＿
＿＿＿＿＿＿＿＿＿＿＿＿＿＿＿＿＿＿＿＿＿＿＿＿＿＿＿＿＿＿＿＿＿＿＿＿＿
＿＿＿＿＿＿＿＿＿＿＿＿＿＿＿＿＿＿＿＿＿＿＿＿＿＿＿＿＿＿＿＿＿＿＿＿＿
＿＿＿＿＿＿＿＿＿＿＿＿＿＿＿＿＿＿＿＿＿＿＿＿＿＿＿＿＿＿＿＿＿＿＿＿＿

推广效果：＿＿＿＿＿＿＿＿＿＿＿＿＿＿＿＿＿＿＿＿＿＿＿＿＿＿＿＿＿＿＿
＿＿＿＿＿＿＿＿＿＿＿＿＿＿＿＿＿＿＿＿＿＿＿＿＿＿＿＿＿＿＿＿＿＿＿＿＿
＿＿＿＿＿＿＿＿＿＿＿＿＿＿＿＿＿＿＿＿＿＿＿＿＿＿＿＿＿＿＿＿＿＿＿＿＿
＿＿＿＿＿＿＿＿＿＿＿＿＿＿＿＿＿＿＿＿＿＿＿＿＿＿＿＿＿＿＿＿＿＿＿＿＿

步骤三：调研会员档案

［基础任务］根据对门店会员系统的调研，收集其会员档案包括哪些内容等信息。

基本信息：＿＿＿＿＿＿＿＿＿＿＿＿＿＿＿＿＿＿＿＿＿＿＿＿＿＿＿＿＿＿＿
＿＿＿＿＿＿＿＿＿＿＿＿＿＿＿＿＿＿＿＿＿＿＿＿＿＿＿＿＿＿＿＿＿＿＿＿＿
＿＿＿＿＿＿＿＿＿＿＿＿＿＿＿＿＿＿＿＿＿＿＿＿＿＿＿＿＿＿＿＿＿＿＿＿＿
＿＿＿＿＿＿＿＿＿＿＿＿＿＿＿＿＿＿＿＿＿＿＿＿＿＿＿＿＿＿＿＿＿＿＿＿＿

会员消费记录：＿＿＿＿＿＿＿＿＿＿＿＿＿＿＿＿＿＿＿＿＿＿＿＿＿＿＿＿＿
＿＿＿＿＿＿＿＿＿＿＿＿＿＿＿＿＿＿＿＿＿＿＿＿＿＿＿＿＿＿＿＿＿＿＿＿＿
＿＿＿＿＿＿＿＿＿＿＿＿＿＿＿＿＿＿＿＿＿＿＿＿＿＿＿＿＿＿＿＿＿＿＿＿＿
＿＿＿＿＿＿＿＿＿＿＿＿＿＿＿＿＿＿＿＿＿＿＿＿＿＿＿＿＿＿＿＿＿＿＿＿＿

步骤四：调研会员营销活动

［基础任务］根据对门店会员管理制度的调研，分析门店进行会员管理具体的营销活动。

营销活动：□增值服务　□优惠活动

服务或活动1：＿＿＿＿＿＿＿＿＿＿＿＿＿＿＿＿＿＿＿＿＿＿＿＿＿＿＿＿＿
＿＿＿＿＿＿＿＿＿＿＿＿＿＿＿＿＿＿＿＿＿＿＿＿＿＿＿＿＿＿＿＿＿＿＿＿＿
＿＿＿＿＿＿＿＿＿＿＿＿＿＿＿＿＿＿＿＿＿＿＿＿＿＿＿＿＿＿＿＿＿＿＿＿＿
＿＿＿＿＿＿＿＿＿＿＿＿＿＿＿＿＿＿＿＿＿＿＿＿＿＿＿＿＿＿＿＿＿＿＿＿＿

营销方式：＿＿＿＿＿＿＿＿＿＿＿＿＿＿＿＿＿＿＿＿＿＿＿＿＿＿＿＿＿＿＿
＿＿＿＿＿＿＿＿＿＿＿＿＿＿＿＿＿＿＿＿＿＿＿＿＿＿＿＿＿＿＿＿＿＿＿＿＿
＿＿＿＿＿＿＿＿＿＿＿＿＿＿＿＿＿＿＿＿＿＿＿＿＿＿＿＿＿＿＿＿＿＿＿＿＿

服务或活动2：_____

_____

_____

营销方式：_____

_____

_____

服务或活动3：_____

_____

_____

营销方式：_____

_____

_____

○ 工作项目评价

　　评价方式采用多元化评价，评价主体由学生、小组、教师和企业构成，评价标准、分值及权重如下所示：

　　1.学生对自我在工作活动中的职业核心能力进行自评，将自评结果填入职业核心能力自测表，见表3-3-3。

表3-3-3　　　　　　　　　　职业核心能力自测表

（在□中打√，A通过，B基本通过，C未通过）

职业核心能力	评估标准	自测结果
自我学习	1.能进行时间管理	□A □B □C
	2.能选择适合自己的学习和工作方式	□A □B □C
	3.能随时修订计划并进行意外事件处理	□A □B □C
	4.能将已经学到的东西用于新的工作任务	□A □B □C
信息处理	1.能根据不同需求去搜寻、获取并选择信息	□A □B □C
	2.能筛选信息并进行信息分类	□A □B □C
	3.能使用多媒体等手段来展示信息	□A □B □C
数字应用	1.能从不同信息源获取相关信息	□A □B □C
	2.能依据所给的数据信息作简单计算	□A □B □C
	3.能用适当方法展示数据信息和计算结果	□A □B □C
与人交流	1.能把握交流的主题、时机和方式	□A □B □C
	2.能理解对方谈话的内容，准确表达自己的观点	□A □B □C
	3.能获取信息并反馈信息	□A □B □C

职业核心能力	评估标准	自测结果
与人合作	1.能挖掘合作资源，明确自己在合作中能够起到的作用	□A □B □C
	2.能同合作者进行有效沟通，理解个性差异及文化差异	□A □B □C
解决问题	1.能说明何时出现问题并指出其主要特征	□A □B □C
	2.能作出解决问题的计划并组织实施计划	□A □B □C
	3.能对解决问题的方法适时作出总结和修改	□A □B □C
革新创新	1.能发现事物的不足并提出新的需求	□A □B □C
	2.能创新性地提出改进事物的意见和具体方法	□A □B □C
	3.能从多种方案中选择最佳方案并在现有条件下实施	□A □B □C
学生自我打分		

2.学生以小组为单位，对本工作项目的实施过程与结果进行自评，将自评结果填入小组自评表，见表3-3-4。

表3-3-4　　　　　　　　　　　　小组自评表

评价内容	评价标准	分值（分）	评分（分）
团队建设	团队合作紧密、互帮互助	10	
	工作态度端正、作风严谨	15	
	遵守法律法规和工作准则	10	
工作情况	计划制订周密、组织有序	15	
	按计划、高效率完成工作	20	
	工作成果完整且质量达标	30	
合　计		100	

3.教师就专业操作能力对小组工作过程与结果进行评价，将评价结果填入专业能力测评表，见表3-3-5。

表3-3-5　　　　　　　　　　　　专业能力测评表

（在□中打√，A掌握，B基本掌握，C未掌握）

业务能力	评价指标	自测结果	备注
收集、整理、分析门店会员管理相关资料	1.能通过调研获得门店会员管理的完整而全面的资料	□A □B □C	
	2.能根据调研资料对会员管理进行科学而合理地分析	□A □B □C	
教师评语：			
教师打分		教师签字	

4.企业对小组工作过程与结果进行评价，将结果填入企业评价表，见表3-3-6。

表3-3-6　　　　　　　　　　　企业评价表

关键考核指标	分值（分）	得分（分）
能对门店目标顾客及会员类型进行合理归纳	20	
能掌握会员档案建立过程	40	
能将门店各会员营销活动进行合理归纳	40	
合　计	100	

5.根据上述结果填写综合评价表，见表3-3-7。

表3-3-7　　　　　　　　　　　综合评价表

自我评价（10%）	小组自评（10%）	教师评价（50%）	企业评价（30%）	综合评价

职业素养指南

微信公众号常用的吸粉技巧

微信公众号吸粉的方法非常多，比较有效的8种技巧包括建立核心原创内容、各种社交网站推广、活动推广、利用视频推广、利益诱惑、微信号之间互推、与同行业组织联盟、朋友圈广告投放。

一、建立核心原创内容

微信公众号在刚启动的时候，必须要有几篇核心的高价值原创内容，这可以让第一波来到公众号的粉丝能感受到它的价值，愿意继续留下并传播开来。中商产业研究院发布的《2019年1月全国微信公众号100强排行榜》显示，"十点读书"光荣入榜且排名靠前，这与该公众号发布大量内容优质的原创文章是分不开的。

二、各种社交网站推广

通过QQ空间、微博、人人网等社交平台作软文推广，必须在文章里面留下微信公众号及其二维码。这些文章必须是比较高质量的文章，只有这样才能吸引他人添加该微信、关注公众号。另外，在百度知道、贴吧、知乎、豆瓣等网站作问答，自然地将微信公众号文字植入其中，也是向微信公众号引流的一种技巧。

三、活动推广

活动推广比较适合企业微信公众号的推广，主要分为线上活动推广和线下活动推广两种。

（一）线上活动推广

线上活动主要以微信、微博、论坛贴吧、自媒体、视频直播网站等平台为载体，衍生出多种活动形式。比如，微信上的活动包括线上分享、公众号留言点赞、抢红包、大转盘、有奖转发、问答、调查、投票排名、微砍价、微拼团、微信签到、趣味测试、微助力、一元购、微秒杀等。贴吧论坛比较常见的活动包括抢楼盖楼、投票排名、拍卖、晒照片、征集评比、签到、直播、贴吧友联谊、贴吧公益等。

微博活动主要包括转发抽奖、粉丝投票、微博抢沙发、视频、广告语、文章、创意征集、话题活动等。这些活动的发起最好是建立在拥有一定的粉丝的基础上。比如，已经有几百粉丝，通过他们的二次传播、多次传播来影响和他们同行业或者兴趣相投的朋友来参加，增加曝光率，可以实现吸引更多粉丝关注。例如，"小凡高美术馆"发起一次微信作品投票的活动，在没有任何外部资源参与的情况下，活动参与人数达到了将近5 000，涨粉10 000，人均粉丝成本只有几毛钱。其中有一部分粉丝是教师，通过他们学生的二次传播，为活动增加了不少新粉丝。

（二）线下活动推广

线下活动主要包括培训、沙龙、地推、现场直播、免费体验、节日营销、促销、公益、周年庆、发布会、赞助、主题活动、晚会、展览会等。

四、利用视频推广

利用视频推广微信公众号，就是通过拍一些公司的视频或者通过下载一些幽默搞笑或热门的视频上传到优酷网、56视频网、抖音等视频平台，并在视频中插入公众号的二维码图片。一个好的视频如果被很多人分享，就能促进粉丝的飞速增长。

五、利益诱惑

利益诱惑也是一种实用的吸粉技巧。可以通过找一些和公众号定位相符的优质资源发布到相关网站上，只有先关注公众号才能获得这些优质资源。比如，某公众号属于广告相关行业，通过将国外广告获奖作品集发布到百度网盘或是专业网站，顺利将粉丝引流到该公众号。

六、微信公众号之间互推

通过微信互推的方式可以最快的速度达到涨粉丝的效果。与其他微信公众号进行互通合作，互相分享自己的资源，可以达到事半功倍的效果。比如，宣传化妆品的公众号可以跟服饰类公众号一起合作互推，起到互相服务、互相促进的作用，从而实现双赢。

七、借助意见领袖，与同行业组织联盟

通过行业内专家、微信微博大号作公众号推广，有利于增加公众号的曝光率以及权威性，获得粉丝的信赖，并且使其成为有效客户。与同行业组织联盟，形成联动效应，可以达到事半功倍的效果。

八、朋友圈广告投放

朋友圈广告投放是一种付费吸引粉丝的方法。朋友圈广告的投放标准在不断降低，"查看详情"页的制作门槛也在进一步降低，有很多广告公司可以为客户提供多样化的H5页面模板，帮助广告主提升广告素材质量和制作效率。借助朋友圈"小视频+长视频+H5"的视频组合广告模式，广告主能够有效传达品牌的核心信息，并在与用户互动过程中深化品牌价值，树立在细分市场中的品牌优势。

资料来源：作者根据相关资料整理而成.

素养讨论：小李是一家经营水果的门店的员工，负责微信公众号运营工作。中秋节即将到来，店长要求门店全面全力备战中秋节活动，特别安排小李充分利用门店微信公众号进行网络营销推广。小李认真地在网上搜集微信公众号文章，看到一篇阅读量达到10万+的文章后，就把这篇文章一字不差地复制到自己门店的公众号里，没有转发朋友圈。结果3天过去了，文章的阅读量才50多。小李为此很苦恼，不知道问题出在哪儿。请同学们思考一下，小李如此复制微信公众号文章是否妥当，为什么阅读量如此不尽如人意，他该怎么做。

门店园地　　　　　　　　诚实无价

企业家小池出身贫寒，20岁时在一家机器公司当推销员。有一段时期，他推销机器非常顺利，半个月内就同33位顾客做成了生意。之后，他突然发现现在所卖的这种机器，比别家公司生产的同样性能的机器贵一些。他想：如果客户知道了，一定以为我在欺骗他们，这样的话就会对自己的信用产生怀疑。于是，深感不安的小池立即带着合约和订单，整整花了3天时间，逐个拜访客户，如实向客户说明情况，并请客户重新考虑选择。

他的这种诚实的做法，让每个客户都很感动。结果，33人中没有一个解除合约，反而成了他更加忠实的客户。

资料来源：佚名. 诚实无价 [EB/OL]. [2022-02-13]. https://www.sohu.com/a/372737067_120192168，有删改.

思政评析：诚，是儒家为人之道的中心思想，立身处世，当以诚信为本。诚信经营就是指企业将诚信原则贯彻到经营活动的各个环节中，坚持诚信理念，在整个经营过程中顾及社会、企业及消费者的利益，诚实守信，注重长远。小池在发现自己销售的产品价格更高之后，能够主动联系客户并说明情况，是对客户利益的维护，这便是诚信经营。他在此过程中不仅收获了客户的信任，也为自己之后的销售奠定了坚实的信念基础。

○ 本情境预期学习成果

学习成果名称：门店顾客管理活动认知

学习成果目的：通过模拟实训演练与操作，初步认识门店顾客管理活动工作流程和重点。

学习成果内容：

1.仔细观察自己所熟悉的连锁企业门店，调查分析他们是如何进行顾客管理活动的？他们的顾客接待服务工作流程是怎样的？他们是如何处理顾客投诉以及维护会员的？

2.由教师设定题目，走访校企合作企业，分析顾客管理活动对其日常经营活动的影响。

学习成果思考：

如果你想要在当地创业开一家服装店，具体情境自设。请结合以上3个工作活动学到的知识和技能，思考如何进行所经营门店的顾客接待服务、顾客投诉意见处理及会员关系的维护。

学习成果组织：学生分小组进行调查研究、分析设计，形成文案报告。

学习成果总结：学生小组交流文案报告，教师根据文案、PPT演示、讨论分享中的表现分别给每组进行评价打分。

4

工作情境4

门店安全管理

〉〉〉〉〉 情境目标

知识目标

1.掌握连锁企业门店的安全工作流程；
2.掌握连锁企业门店的防损工作流程；
3.掌握连锁企业门店的消防工作流程。

技能目标

1.能够根据企业实际情境进行门店安全方案制订；
2.能够根据企业实际情境进行门店防损方案制订；
3.能够根据企业实际情境进行门店消防方案制订。

思政目标

现在越来越多的门店注重安全管理，而门店安全管理不仅仅是门店安全不受威胁，没有危险，不发生事故，还包括不发生这些的状态。所以，门店的店长和员工都需要具备门店安全管理的知识，最大限度地预防意外事故的发生。通过本章内容的学习，学生应树立在门店经营管理中安全压倒一切的意识和思想。作为门店从业人员，不应把获取利润看作企业首要目标，而应以首先为员工和顾客创造一个安全、舒适的工作环境和购物环境为己任，这也是每一个从业人员最基本的职业道德修养；同时，也能让他们养成对内肯钻研业务、对外团结合作的职业道德。

>>>>> 情境导入

8月5日中午，某卖场内人潮汹涌，二楼百货部的通道内挤满了顾客和购物车，各供应商派驻卖场内的促销员也在起劲地做着商品推销。此时，二楼洗化用品区域传来"轰"的一声，引起一阵惊叫。值班经理马某马上赶到现场，发现香皂撒了一地，购物车都堵塞在通道上，促销员站在一旁发呆。后来，有关负责人指出，市场二楼楼层的承重指数为400千克/米，按照量贩店的销售需要，二楼必须采用重型货架，但是二楼的承重远远达不到要求，所以被迫采用中型货架。结果在洗化用品部、文体部都出现了货架层板被压弯、脱落，导致压坏商品的现象，因此不得不经常更换层板和其他配件。马某赶紧指挥疏导顾客，迅速组织理货员整理商品，更换货架，幸好没有人员受伤。

假如你是该门店店长，请你思考，如何营造一个安全的顾客购物环境、员工工作环境，在进行商品陈列等管理时如何进行防损，门店又该如何开展消防管理等工作。

>>>>> 工作活动

工作活动1　门店安全认知
工作活动2　门店防损管理
工作活动3　门店消防管理

工作活动 1
门店安全认知

---------------○ **工作活动目标**

1.了解门店安全组织机构架构及人员分工；

2.熟悉门店安全事故致因理论及预防；

3.学会对门店突发事件的处理。

（思政微课）
4-1

树立安全
第一的商业
精神，强化
门店安全
管理认知

---------------○ **职业工作情境**

　　门店人员需要明确现阶段门店运营中的安全现状与目标，利用现有资源条件，完成门店安全组织机构的建立；预防事故的根本方法在于找出导致事故的各种原因，包括人的不安全行为和物的不安全状态，制定严格的操作规范和管理制度，有针对性地加以防范和严格管理。

---------------○ **职业知识储备**

知识点 1
门店安全的内涵

（动画）4-2

门店安全
管理制度

　　安全的一般意义是指没有危险、不受到威胁和不发生事故。连锁企业门店的安全是指店以及员工、顾客的人身和财产在门店所控制的范围内没有危险和不受威胁，也不存在其他因素导致危险的发生。

　　门店安全管理是为了实现安全营运而组织和使用人力、物力、财力等各种资源的过程，目的是制订出最佳的安全保障方案和管理措施，减少甚至避免意外事故的发生，保护门店的财产安全和减少损耗，为门店最终的盈利做贡献。门店安全检查见表4-1-1。

表 4-1-1　　　　　　　　　　　门店安全检查

检查项目		检查结果及整改情况
紧急出口	1.所有紧急出口是否通畅	
	2.紧急出口是否上锁？遇到紧急情况可否立即打开	
	3.紧急出口灯是否明亮	
	4.报警器是否性能良好	
	5.紧急照明灯插头是否接入电源？性能是否良好	

续表

检查项目		检查结果及整改情况
灭火器	6.灭火器数量是否符合要求	
	7.灭火器是否到位	
	8.灭火器指示牌是否挂好	
	9.灭火器外表是否干净	
	10.灭火器性能是否良好	
	11.灭火器有无过期	
消火栓	12.消火栓是否被使用	
	13.消火栓是否被挡住	
	14.消火栓水源开关是否良好	
	15.消火栓是否可立即操作	
急救箱	16.店内是否放置急救箱	
	17.急救箱内的药物是否齐全	
电器设备	18.机房是否通风良好？里面有无堆放杂物	
	19.电器插座是否牢固？有无损坏	
	20.电线是否依规定设置	
	21.电器设备是否性能良好	
	22.冷冻库温度是否正确	
消防安全注意事项	23.有无组建"应急处理小组"？员工是否知道自己的任务	
	24.是否张贴灭火器材位置图和防火疏散图	
	25.员工是否知道如何正确使用灭火器材	
	26.紧急报警电话是否附在电话机上	
	27.是否定期举办消防演习	
一般安全注意事项	28.电梯能否正常使用？有无定期保养	
	29.对新进员工是否开展了安全教育	
	30.铝梯及推车有无损坏	
	31.商品堆放是否符合安全规定	
	32.卷闸门操作是否正常	
	33.员工是否有安全意识	
	34.下水道是否淤塞	
	35.收货方法是否符合规定	

	检查项目	检查结果及整改情况
保安	36.贵重商品管理是否符合规定	
	37.拿出门店的纸箱、垃圾，管理人员是否检查	
	38.货币现金管理是否符合要求	
	39.安全设施是否良好	
	40.各记录本是否如实填写	
	41.办公室及柜子是否依规定管理	
	42.保险柜及收银机抽查有无长短款	
	43.商品验收作业是否符合规定	
	44.是否抽查员工储物柜及携带的手袋	
	45.员工及顾客盗窃案是否妥善处理	
	46.员工滋扰案件是否妥善处理	
	47.其他有关安全事项的处理是否妥当	

知识点 2
门店安全管理的组织机构

门店安全管理的组织机构由店长、各区域负责人和基层安全防范员工组成。

一、门店安全管理总负责人

根据谁领导谁负责的原则，店长是门店安全管理第一负责人，也是门店安全工作的总负责人，对门店安全工作负有领导责任。总负责人的安全工作职责是门店安全工作的推进、日常安全工作的管理和培训、事件处理、责任追究、成绩考评及奖惩措施的施行。

二、各区域负责人

行政副店长作为当天店办的责任人，对店办范围内以及全体职能管理人员、电工的安全防范工作开展负有领导责任；如遇店长因休假或其他原因不在店内，值班店长还应承担店面安全防范工作总负责人的工作职责。

各区域负责人除本区域内的安全防范工作外，还应配合店面安全防范工作总负责人做好店面整体的安全防范保卫工作，发现问题立即组织处理，并及时上报给总负责人。

三、基层安全防范员工

基层安全防范员工对本区域内的安全防范工作负有直接责任，同时对其他工作区域的安全情况有及时提醒、发现问题立即上报本区域负责人的义务。行政副店长对整个店面和店面办公室负安全管理责任。督导对本品类的区域负安全管理责任。

营业员、理货员、促销员、收银员、仓库管理员对各自负责的岗位区域负安全管理责任。电工、防损员对整个门店的设施、消防及店外设施负安全管理责任。

知识点3
事故致因理论

国内外安全理论研究发现，安全事故主要是人的不安全行为和物的不安全状态相互作用而导致的，而"人的不安全行为"和"物的不安全状态"常常是管理的缺陷导致的。人们常说的"隐患"来自物的不安全状态，即危险源，而且和管理的缺陷或管理人员的失误共同耦合才能够形成；如果管理得当、及时控制，变不安全状态为安全状态，则不会形成隐患。客观上一旦出现隐患，主观上人又有不安全行为，就会导致物的不安全状态的发展，或导致新的不安全状态的出现，如此相互循环，最终导致安全事故的发生。

（动画）4-3
事故致因理论

知识点4
安全事故的预防

从事故致因理论可以看出，预防事故发生的根本方法在于找出导致事故的各种原因，包括人的不安全行为和物的不安全状态，制定严格的操作规范和管理制度，有针对性地加以防范和严格管理。具体来说，其包括例会制度、检查机制和反馈机制。

（动画）4-4
门店安全事故的预防

一、例会制度

门店安全例会是对安全工作进行培训指导、经验总结的重要手段，一般由门店安全工作总负责人每周定期召开，与会者为各部门责任人。

（一）安全周例会

门店安全周例会是对整个店面安全工作进行总结、指导、任务下达的会议，一般包括以下内容：

（1）针对各部门负责人的安全知识培训以及公司规章制度的学习。

（2）对近期店面的安全情况以及安全工作的开展进行分析，总结前期成功的经验；针对前期存在的问题，尤其是区域联防协助不力的，及时提出整改意见，并规定整改期限和检查方法。

（3）对下周店内的销售情况进行分析，根据前期的安全经验，制定下周安全工作的指导意见，突出强调可能存在安全隐患的部位的防范工作。

（4）每周召开的安全例会应及时形成会议纪要，上报门店管理部、物业管理部存档备查；同时下发给每个部门负责人加强学习，加大落实力度。

（二）晨会

各部门晨会是贯彻门店安全例会要求的主要手段，应包括如下内容：

（1）部门负责人对所属员工传达和讲解安全知识及公司规章制度。

（2）总结本部门的工作经验，并针对目前存在的问题，根据门店安全周例会的要求下达整改目标和计划。

（3）对下周本部门的销售任务进行分解，针对可能存在安全隐患的部位下达防范工作任务，并广泛征求意见，以期达到更高的防范目标。

二、检查机制

门店日常安全防范工作的落实和检查，应由店长指定专人实施，并将结果及时上报店长，以便进一步处理。检查包括以下内容：

通过日常卖场巡查，检查各部门人员的配备情况，发现问题及时通知该部门负责人进行整改，检查内容有：门店各岗位人员在岗情况、商品陈列是否正常、收银台是否安全、贵重商品是否按规定存放、安全通道是否通畅、灭火器是否配备齐全、消防栓是否被遮挡等。根据门店安全周例会的会议纪要，检查整改落实情况。此外，要不定期抽查各部门每日晨会的安全工作布置情况。

三、反馈机制

门店各部门应定期组织员工进行学习，并上报学习心得。每季度门店应定期对安全防范工作进行总结，并上报至连锁企业总部。在安全管理试行的过程中，如有更合理、更科学的建议应及时反馈，以便补充和修改。

知识点5
突发事件的处理

突发事件具有突然性和难以应付的特点，如果处理不当，其危害之大是不可估量的。

门店突发事件时有发生，为减少财产的损失和人员的伤亡，门店应本着谁在岗谁负责、谁主管谁负责、谁主办谁负责、群防群治、人人有责的原则，迅速、有效地处理紧急事件，进行抢救作业。这是门店经营管理人员特别是重点负责此部分工作的安全部人员必须具备的能力和素质。

根据2007年11月1日开始实施的《中华人民共和国突发事件应对法》的相关规定：所谓突发事件，是指突然发生，造成或者可能造成严重社会危害，要采取应急处置措施予以应对的自然灾害、事故灾难、公共卫生事件及社会安全事件。

一、突发事件的种类

突发事件的种类见表4-1-2。

表4-1-2　　　　　　　　　　门店突发事件种类

种类	举例
自然灾害	如台风、地震、洪水、暴雨
事故灾难	如顾客或员工在卖场内晕倒、摔倒、受伤、被踩踏、被电击、被枪击，门店主要设备（供电系统、供水系统、空调、电梯、冰柜等）突然发生故障，影响正常营业
公共卫生事件	指突然发生，造成或者可能造成社会公众健康严重受损的重大传染病疫情、群体性不明原因疾病、重大食物和职业中毒，以及其他严重影响公众健康的事件
社会安全事件	如没有预先通知的突然停电、停水；收到炸弹、毒药的威胁或恐吓；卖场内发生骚乱、斗殴；匪徒抢劫收银台的现金或卖场内的贵重商品；由政治原因引起的游行示威等

二、突发事件的处理方法

突发事件多属于意外事件，情况紧急，如果处理不及时，将会造成重大的经济损失和负面社会影响。所以门店必须预先成立紧急应变小组，对人员进行有组织的分工和训练，真正做到对突发事件有准备、有预防，这样在事故发生后，才能够迅速、有效、有重点地进行灾中、灾后的抢救处理，将损失降到最低程度。门店还必须将"突发事件处理小组"（以下简称"处理小组"）的机构名单（如图4-1-1所示）、岗位分配制作成名册送连锁企业总部备案。

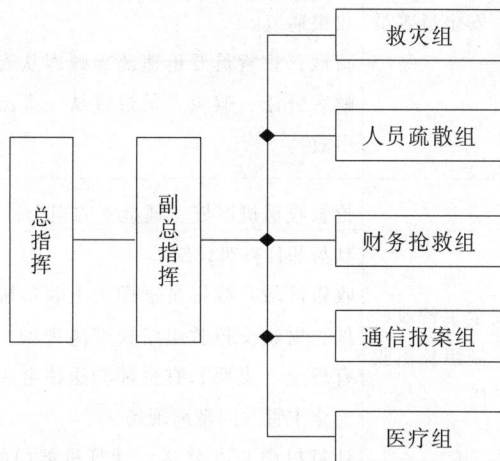

图4-1-1　突发事件处理小组的机构名单

总（副）指挥以及各组人员在紧急事件处理中的权限和职责见表4-1-3。

表4-1-3　　　　　　　　突发事件中各类人员组成及职责

人员	组成	职责
总指挥	由店长担任	负责指挥、协调现场的救灾作业，掌握全店员工的动态，并随时将灾害的发展状况及应变的处理情况向主管单位反映
副总指挥	由副店长或安全部经理担任	协助连锁门店店长指挥，执行各项任务，负责对外报案及内外通信联络；负责切断所有电源，开展全面的救灾工作，控制灾情范围的进一步扩大
救灾组	组长由消防组长担任，组员主要由消防组员、义务消防员、工程人员等组成	负责各种救灾设施和器材的检点、维护与使用，水源的疏导，障碍物的拆除，配合售货员抢救物资以及灾害抢救等工作；对各种消防设施及器材予以编号，并指定专人负责，以避免出现抢用等情形

人员	组成	职责
人员疏散组	组长由运营经理担任，组员由广播员、理货员、安全员等员工组成	播音：广播员要立即广播店内的危急状况，冷静沉着，语速和平常一样，不能过分紧张，否则可能导致局势难以控制。 打开通道：安全员要尽快打开所有安全门、紧急出口及收银通道。 疏散：售货员要迅速疏导顾客从安全门出去，正确引导顾客分流，避免人员过多从一个出口疏散而导致拥挤或事故
财物抢救组	组长由安全主管或经理担任，副组长由收银主管担任	抢救收银机区域、现金室的现金，计算机中的重要文件、软盘和计算机设施等。 收银区域：收银员立即关上收银机，将现款及重要的文件、财物交抢救组组长带离现场。现金室人员迅速将所有现金、支票、有价证券送往金库上锁，由收银主管和安全主管共同带离现场。 计算机中心办公室：计算机部门的员工应将重要文件、磁盘、设备等带离现场进行保管
通信报案组	报案人员应指定专人负责	负责对外报案及内外通报、联络等任务
医疗组	组长由资深安全员担任，组员要经过必要的急救知识培训	负责伤患的抢救及紧急医护等

　　以上五个小组应各设组长一名，由资深且经验丰富的人员担任，负责各组人员的任务调度。店长应将门店"应变处理小组"的编组结果制作成名册，并特别注明总指挥、通信报案人员以及重要工作的代理人，同时将"防火器材位置图"和"人员疏散图"张贴在店内的指定位置。

　　此外，门店的每位员工均应对自身在事故处理中的任务与职责有明确的认识与了解，以便能顺利完成任务，进行有效的安全作业管理。新进人员以及附属的专柜人员应一并纳入编制中。尽管事故的发生大都属于突发状况，但是如果能够针对各安全管理项目做好事前防范工作，在事故发生时处理小组能依据正确的作业程序来处理，则可将事故造成的伤害降至最低程度。此外，事故发生后，还必须依序做好善后工作。

　　发生突发事件时各部门的职责如图4-1-2所示。

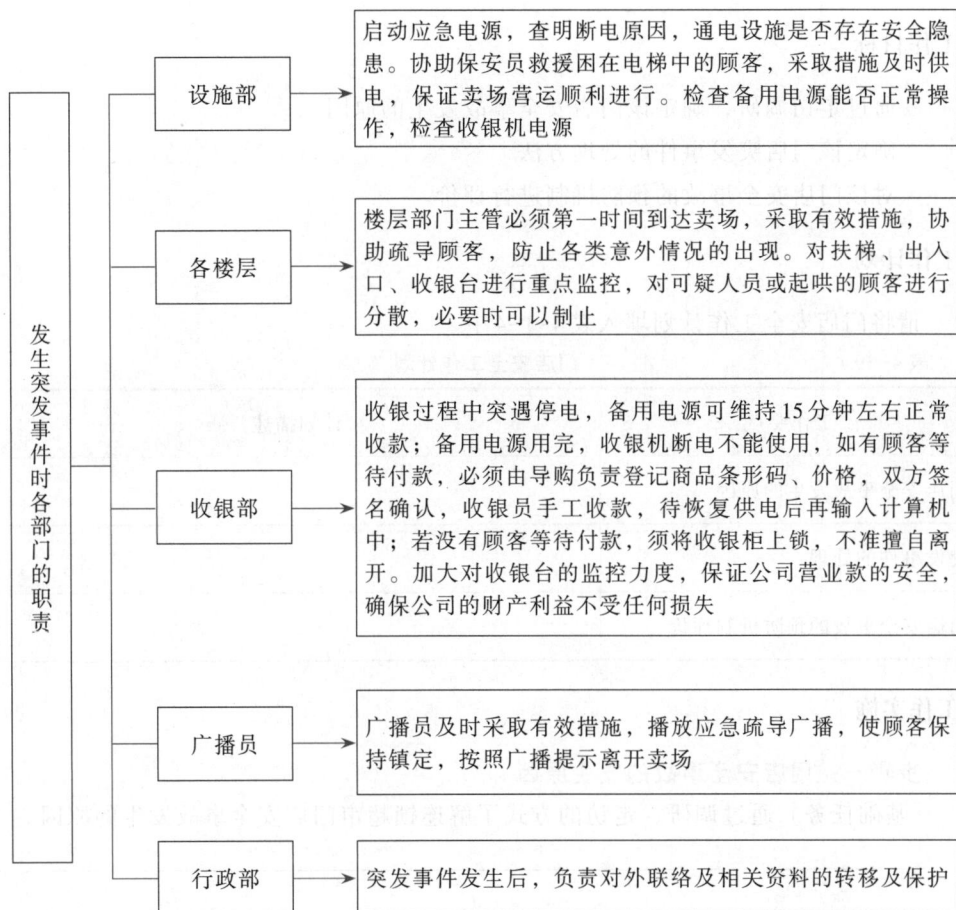

图 4-1-2　突发事件中各部门的职责

-------------------○ 职业技能操练

工作项目

学生分组选择所熟悉的本地连锁超市门店，根据所给定的项目背景为其制订门店安全方案。

项目背景

2020年11月，海南白沙一男子到超市收购废品，不慎从二楼跌落摔伤头部等处，救治多日无效死亡，其家属李某等人将超市及超市经营者陈某告到法院请求赔偿。近日，该起生命权纠纷案经海南省第二中级人民法院调解，双方最终达成调解协议，陈某一次性赔偿李某等人43万元。

假如你是该商超经理，你认为超市应该从哪些方面加强管理，给员工、顾客营造安全的工作和购物环境，又该建立怎样的安全事故预防机制和选择哪些突发事件的处理方法？

工作目标

- 通过走访调研，确定该门店安全事故发生的原因
- 确定该门店突发事件的处理方法
- 对该门店安全事故的预防机制进行评价

工作计划

请将门店安全工作计划填入表4-1-4中。

表4-1-4 门店安全工作计划

工作要点	计划描述
门店安全事故发生的原因	
突发事件的处理	
门店安全事故的预防机制评价	

工作实施

步骤一：门店安全事故的发生原因
[基础任务] 通过调研、走访的方式了解连锁超市门店安全事故发生的原因。

_____

_____

_____

_____

步骤二：突发事件的处理
[基础任务] 根据连锁超市门店安全状况，设计突发事件的处理预案。
突发事件的种类：_____

_____

_____

_____

突发事件的处理预案：_____

_____

总指挥：_____

_____

副总指挥：_____

救灾组：＿＿＿＿＿＿＿＿＿＿＿＿＿＿＿＿＿＿＿＿＿＿＿＿＿＿＿＿

人员疏散组：＿＿＿＿＿＿＿＿＿＿＿＿＿＿＿＿＿＿＿＿＿＿＿＿

财物抢救组：＿＿＿＿＿＿＿＿＿＿＿＿＿＿＿＿＿＿＿＿＿＿＿＿

通信报案组：＿＿＿＿＿＿＿＿＿＿＿＿＿＿＿＿＿＿＿＿＿＿＿＿

医疗组：＿＿＿＿＿＿＿＿＿＿＿＿＿＿＿＿＿＿＿＿＿＿＿＿＿＿

步骤三：门店安全事故的预防机制评价

［进阶任务］对标本节所学的内容，分析评价所调研门店的安全事故预防机制是否合理，其管理制度有何优点与不足。

人员配备是否齐全、合理：□是　□否

分析原因：＿＿＿＿＿＿＿＿＿＿＿＿＿＿＿＿＿＿＿＿＿＿＿＿＿＿

＿＿＿＿＿＿＿＿＿＿＿＿＿＿＿＿＿＿＿＿＿＿＿＿＿＿＿＿＿＿＿＿

安全预防机制有何优点与不足：

优点：＿＿＿＿＿＿＿＿＿＿＿＿＿＿＿＿＿＿＿＿＿＿＿＿＿＿＿＿

＿＿＿＿＿＿＿＿＿＿＿＿＿＿＿＿＿＿＿＿＿＿＿＿＿＿＿＿＿＿＿＿

不足：＿＿＿＿＿＿＿＿＿＿＿＿＿＿＿＿＿＿＿＿＿＿＿＿＿＿＿＿

＿＿＿＿＿＿＿＿＿＿＿＿＿＿＿＿＿＿＿＿＿＿＿＿＿＿＿＿＿＿＿＿

如有不足，你建议如何改进：＿＿＿＿＿＿＿＿＿＿＿＿＿＿＿＿＿

＿＿＿＿＿＿＿＿＿＿＿＿＿＿＿＿＿＿＿＿＿＿＿＿＿＿＿＿＿＿＿＿

-------------- ◯ 工作项目评价

评价采用多元化评价方式，评价主体由学生、小组、教师和企业构成，评价标准、分值及权重如下所示：

1.学生对自身在工作项目中的职业核心能力进行评价，将自评结果填入职业核心能力自测表中，见表4-1-5。

表4-1-5　　　　　　　　　职业核心能力自测表

（在□中打√，A通过，B基本通过，C未通过）

职业核心能力	评 估 标 准	自测结果
自我学习	1.能进行时间管理	□A □B □C
	2.能选择适合自己的学习和工作方式	□A □B □C
	3.能随时修订计划并进行意外事件处理	□A □B □C
	4.能将已经学到的东西用于新的工作任务	□A □B □C
信息处理	1.能根据不同需求去搜寻、获取并选择信息	□A □B □C
	2.能筛选信息并进行信息分类	□A □B □C
	3.能使用多媒体等手段来展示信息	□A □B □C
数字应用	1.能从不同信息源获取相关信息	□A □B □C
	2.能依据所给的数据信息作简单计算	□A □B □C
	3.能用适当方法展示数据信息和计算结果	□A □B □C
与人交流	1.能把握交流的主题、时机和方式	□A □B □C
	2.能理解对方谈话的内容，准确表达自己的观点	□A □B □C
	3.能获取并反馈信息	□A □B □C
与人合作	1.能挖掘合作资源，明确自己在合作中能够起到的作用	□A □B □C
	2.能同合作者进行有效沟通，理解个性差异及文化差异	□A □B □C
解决问题	1.能说明何时出现问题并指出其主要特征	□A □B □C
	2.能制订出解决问题的计划并组织实施	□A □B □C
	3.能对解决问题的方法适时作出总结和修改	□A □B □C
革新创新	1.能发现事物的不足并提出新的需求	□A □B □C
	2.能创新性地提出改进事物的意见和具体方法	□A □B □C
	3.能从多种方案中选择最佳方案并在现有条件下实施	□A □B □C
学生自我打分		

2.学生以小组为单位，对本工作项目的实施过程与结果进行自评，将自评结果填入小组自评表中，见表4-1-6。

表4-1-6　　　　　　　　　小组自评表

评价内容	评价标准	分值（分）	评分（分）
团队建设	团队合作紧密、互帮互助	10	
	工作态度端正、作风严谨	15	
	遵守法律、法规和工作准则	10	
工作情况	计划制订周密、组织有序	15	
	按计划高效率完成工作	20	
	工作成果完整且质量达标	30	
合 计		100	

3.教师就专业操作能力对小组工作过程与结果进行评价，并将评价结果填入专业能力测评表中，见表4-1-7。

表4-1-7 专业能力测评表

（在□中打√，A掌握，B基本掌握，C未掌握）

业务能力	评价指标	自测结果	备注
门店安全管理的组织机构建立	1.熟悉门店安全管理组织机构的组成	□A □B □C	
	2.掌握门店安全管理组织机构的建立流程	□A □B □C	
门店安全事故的处理	1.熟悉门店安全事故发生的原因	□A □B □C	
	2.掌握门店安全事故的处理步骤	□A □B □C	
教师评语：			
教师打分		教师签字	

4.企业对小组工作过程与结果进行评价，并将结果填入企业评价表4-1-8中。

表4-1-8 企业评价表

关键考核指标	分值（分）	得分（分）
能够营造安全的购物环境和良好的作业环境	40	
能够建立门店安全管理组织机构	40	
能够明确门店安全事故发生的原因，做好安全事故的处理与预防	20	
合计	100	

5.根据上述结果填写综合评价表，见表4-1-9。

表4-1-9 综合评价表

自我评价（10%）	小组自评（10%）	教师评价（50%）	企业评价（30%）	综合评价

工作活动2
门店防损管理

○ 工作活动目标

1.了解商品损耗的概念及门店商品防损的意义；

2.熟悉门店损耗产生的原因；

3.掌握偷盗处理的流程；

4.学会建立门店防损体系。

-------------○ 职业工作情境

（音频）4-5

连锁超市盗窃损失严重

"损耗"是一个连锁企业经营过程中经常听到或论及的概念，是门店进货时的商品零售值与售出后获取的零售值之间的差额。损耗极大地影响门店的盈利水平甚至危及连锁企业的生存，各门店必须根据损耗发生的原因有针对性地采取措施，加强管理，尽量使各类损耗减到最少。要减少商品的损耗，就要找到产生商品损耗的原因并建立相应的防损体系。作为门店店长，在日常管理工作中加强管理、防止损耗，不仅需要搞清楚产生损耗的原因，同时也要配备现代化管理设施管控损耗，且加强对员工的作业管理，规范员工的作业流程，尽量把员工在作业中造成的损耗降到最低。

-------------○ 职业知识储备

知识点1
商品损耗概述

商品损耗是指门店商品价值的损失。商品损耗又分为数量损耗和价值损耗。数量损耗是商品在数量上损失了，如被盗、破损等；价值损耗是商品在价值上损失了，如清仓。数量损耗与价值损耗往往同时发生，如商品被盗，既有数量损耗，又有价值损耗；对于降价、清仓等，商品数量没有损耗，但价值发生损耗；对于缺货，商品数量上没有损耗，但因潜在的销售损失而造成价值上的损耗。

本活动主要介绍商品的数量损耗，即门店在接收进货时的商品零售值与售后获取的零售值之间的差额。

知识点2
商品防损的意义

商品损耗的后果是严重的，其增加了运营成本，降低了商品的获利能力，严重时可能威胁到门店的生存。据统计，全世界零售业的平均损耗率为1.7%，每年的商品损耗高达1 600亿美元；在我国也高达250亿元人民币。曾经上海某超市第一个月的营业额为60万元，但由于商品损耗超过10万元而歇业。

因此，商品防损对门店的生存和发展有着十分重要的意义，具体来说体现在两个方面：一是通过防损可挖掘超市利润的源泉；二是通过防损可搭建提升超市管理水平的平台。

一、超市利润的源泉

超市是一个典型的微利业态，但它每天却面对着庞大的损耗数据。损耗每时每刻都在吞噬着超市的利润，而降低损耗的有效方法就是防损。许多超市都不同程度地存在类似"狗熊掰棒子"的做法，一边用九牛二虎之力提高销售额，一边却对居高不下的损耗视而不见，到头来本以为丰厚的利润缩减了许多，有的甚至落了个"埋头干一年，赔本赚吆喝"的下场。其症结就在于没有准确探查和开发超市的利润源泉，利润是企业的生命，而损耗恰恰是利润的天敌。显而易见，损耗与利润成反比关系，损耗率高，利润率则肯定低；利润率高，损耗率则必然低。数据表明，商品每降低1个耗损点（1%），可提高9.33%的销售额（（1%+1%×12%）÷12%），可提高1.12%的毛利额。因此，毫不夸张地说，防损是挖掘超市利润源泉的最佳途径。

二、超市管理的平台

"降低营运成本，提升管理水平"是超市管理者所追求的目标。资料显示，我国每年仅零售业损耗额就高达数百亿元。许多优秀企业的案例证明，只有最大限度地减少损耗，才能提升超市的管理水平。世界著名企业沃尔玛有一个重要的管理切入点，就是"防损无处不在"的管理新理念，在它的业绩中有相当多的利润是由防损带来的。也就是说，防损在天网（指通信卫星）、地网（指物流配送体系）的网络背景下，实现了利润最大化。

（思政微课）
4-6
发扬精益求精的商业精神，严把门店损耗关口

统计数据表明，以国际商品丢失率0.5%为依据，以国内超市实际损耗比例为基数计算，一个5 000平方米的超市年损耗点达到1.7%时为预警线，达到5%时为生存线，达到8.3%时为死亡线。

知识点3
门店产生损耗的原因

门店产生损耗的原因有很多（见表4-2-1），店长只有搞清楚造成损耗的原因，才能对症下药、加强损耗控制和管理。

表4-2-1　　　　　　　　　门店产生损耗的原因

		具体说明
作业损耗	订货损耗	●订货过程中品牌错误、品项错误、规格错误、数量错误、重量错误、品质错误、有效期错误等造成的损耗 ●自行采购商品造成的损耗
	收货损耗	●商品品名、数量、重量、价格、有效期、品质、等级、规格、包装、单位、质量等与标准或订单不符；发票金额与验收金额不符；商品未验收或未入库赠品、折扣与合同不符 ●供应商欺诈行为，如以低价商品冒充高价商品 ●员工与供应商勾结导致损耗 ●未严格按收货标准验货 ●送货不及时，收货时间过长，导致商品鲜度降低 ●对厂商管理不严导致的厂商偷盗 ●叉车等设备未安全操作，损坏商品 ●漏记进货款或进货重复登记，收货数据录入错误 ●入库商品条码贴错

	具体说明	
作业损耗	转移损耗	●搬运工具不当造成包装或商品破损 ●员工未按要求搬运商品，造成商品破损或无法销售 ●顾客拿放商品不当导致的损耗 ●内部转货单据与实际不符，门店间转出手续不完备 ●部门与部门间移库、账务处理不当 ●使用自用商品未如实填报或未列入费用明细中
	储存损耗	●库存环境不符合要求，如仓库过潮或虫鼠等噬咬致使商品受损；储存方式不正确，导致商品损坏、破包 ●商品交叉感染或串味 ●未按先进先出原则拿取商品 ●库管员未履行商品稽核责任，导致商品储存时间过长而过期、变质 ●冷藏、冷冻设备损坏或发生故障导致商品变质而被废弃
	商品管理损耗	●陈列损耗：商品自然腐烂变质；商品陈列方式不对导致损耗 ●理货损耗：未能正确处理商品导致的损耗
	商品销售损耗	●标价错误，顾客要求以低价购买 ●商品磅秤故障 ●商品在销售过程中受到污染 ●管理者对兑换券作业是否入账未尽督导责任，导致兑换券过期，无法向厂商要求赔偿
	收银损耗	●每日收银现金差异 ●遗漏商品扫描 ●收银员损坏商品 ●收银队伍较长导致顾客未能付款，或无找零导致顾客不能付款等
	退换货损耗	●节庆商品逾期未售完 ●国外进口商品因无法退货产生废弃损耗 ●对不该接收的顾客退货接收，又不能原价出售 ●自有品牌由于自产自销无法退货产生的废弃 ●顾客或员工损毁商品却无法退回给供应商 ●客服人员利用退货、换货偷门店商品或营业款 ●坏品未登记、未确定数量、未及时办理退货
	盘点损耗	●漏点、多点、误点实物库存 ●数据抄写、录入错误 ●盘点价格错误、计算错误
	加工损耗	●对原材料未能进行深加工，未能有效利用 ●未能进行标准化作业导致损耗 ●加工技术不当，食品口味变差，难以销售 ●加工过程中因卫生问题污染食品 ●包装耗材浪费严重 ●生产不合理

续表

		具体说明
偷盗损耗	顾客偷窃	●顾客利用衣物藏匿商品，不付账带出卖场 ●顾客更换商品包装，用低价购买高价商品 ●顾客在大包装中藏匿小包装商品 ●顾客未付款在超市偷吃商品 ●顾客撕毁商品标签或更换标签，达到少付款的目的 ●顾客与员工勾结进行盗窃 ●盗窃团伙集体盗窃
	员工偷盗	●员工管理不当：员工偷用门店商品，将商品标低价售卖给亲朋好友；直接偷窃卖场商品、赠品或偷窃同事私人财物 ●专柜人员管理不当：专柜人员偷吃、偷窃或掩护他人偷吃、偷窃 ●收银员管理不当：收银员利用收银机退货键或立即更正取消登录金额，趁机抽取现金；遇熟人，故意漏扫部分商品或私自按下较低价格进行冲抵
	供应商偷窃	●供应商派驻超市的促销员偷盗商品 ●将已经收货完毕的商品重新按未收货点数 ●利用售货员的疏忽趁机偷窃卖场商品 ●随同退货夹带正常商品出店 ●与门店员工勾结实施偷窃
变价损耗		●固定促销变价，如月度特卖品、定期特价活动、周年庆、开业庆等 ●临时促销变价，为应对竞争而临时降价或生鲜食品因各种原因降价出现损耗 ●厂商调降市面零售价，因商品临期或使用期限过2/3，力求销量增加，设立特价区而降低售价 ●为消耗大量商品库存变价，如在月底或年关将近时为减少库存所作的促销变价 ●部分促销商品在促销期结束后未能及时变更回原价，顾客要求以促销价购买产生的零售损耗
意外损耗		●自然意外事件，如火灾、水灾、地震、台风等 ●人为意外事件，如抢劫、夜间盗窃、诈骗等

知识点4
偷盗处理

一、外部盗窃处理流程

针对外部偷盗行为，店长在日常管理中应遵照以下流程处理（如图4-2-1
所示）：

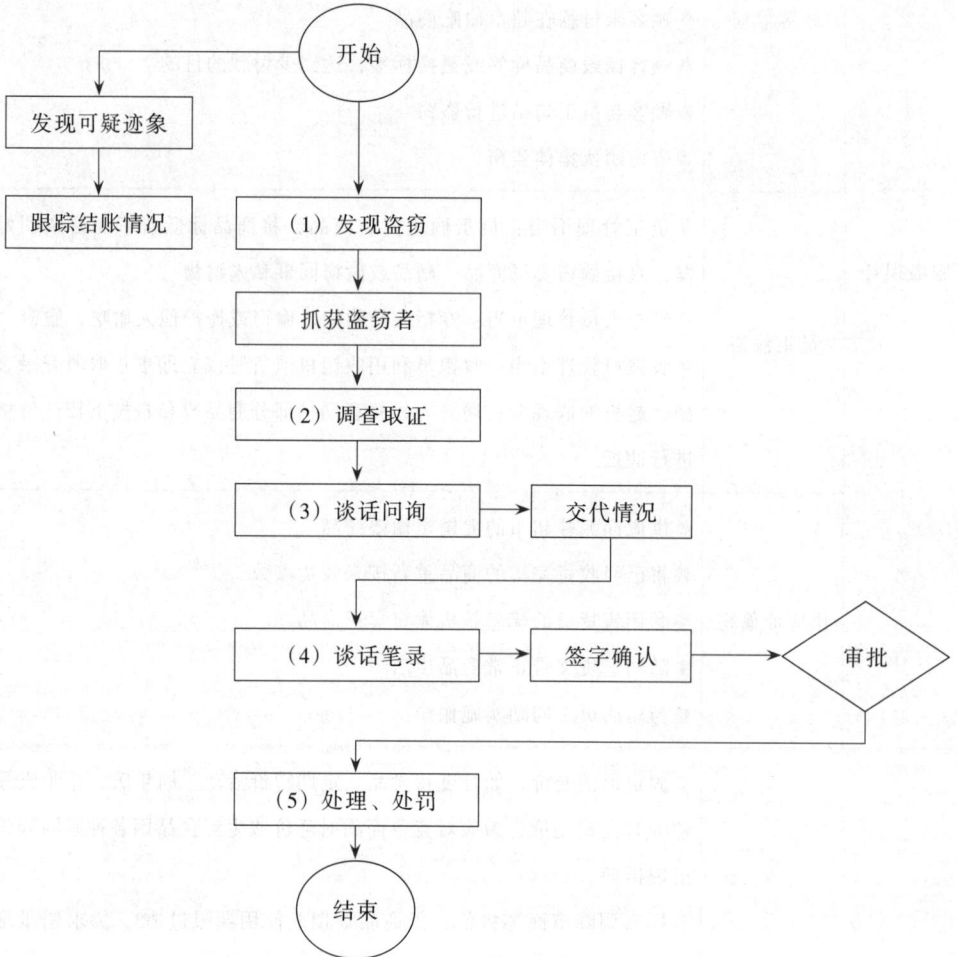

图 4-2-1　外部盗窃处理流程

二、内部盗窃处理流程

内部盗窃处理流程如图4-2-2所示。

三、盗窃处理登记表

盗窃处理结束以后，要填写盗窃处理登记表，见表4-2-2。

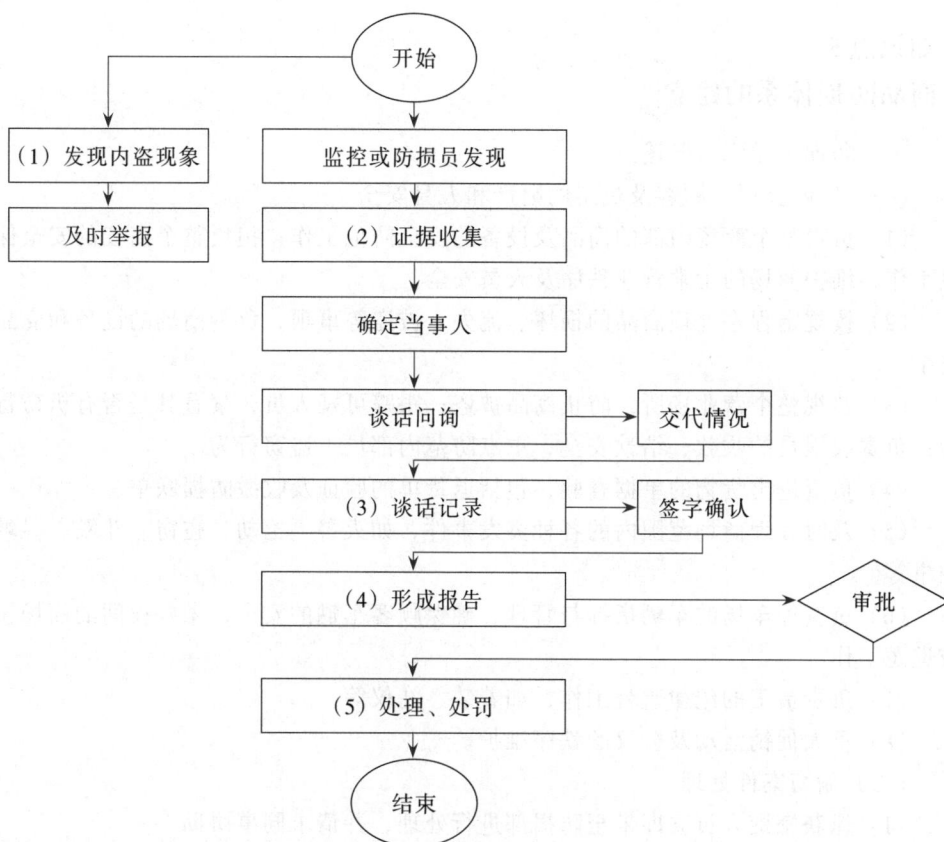

图4-2-2　内部盗窃处理流程

（动画）4-9

员工偷盗的
防范

表4-2-2　　　　　　　　　盗窃处理登记表

发生时间			
发生部门		盗窃地点	
发现人		发现时间	
情况说明			
处理办法			
安保部经理批示			
店长批示			
处理结果			
备注			

知识点5
商品防损体系的建立

一、防损工作职能概述

（一）保障公司、顾客及员工的财产和人身安全

（1）负责整个商场内部的商品及设备的安全防范工作；担负整个商场的安全保卫工作，维护商场的正常营业秩序及人员安全。

（2）按规定程序处理商品的损坏、流失、被盗等事项，负责商场的设备和商品安全。

（3）巡视整个营业场所，防止商品被盗；跟踪可疑人员，察看其是否有扒窃行为；负责收银员的收款、结款安全；重点防范内部员工盗窃行为。

（4）负责进出货物的单据查验，包括退货单的验证及收缴防损联单。

（5）及时处理商场范围内的各种突发事件，如火警、抢劫、盗窃、斗殴、寻衅滋事等。

（6）负责停车场的车辆指挥与管理，确保顾客车辆的安全；做好夜间的商场警戒巡逻工作。

（7）负责员工的纪律监督工作，如着装、礼仪等。

（8）重大促销活动及会议的秩序维护。

（二）偷窃案件处理

（1）抓获嫌疑人员立即带至防损部进行处理，并请求同事协助。

（2）对小偷的处理应由班长以上人员负责，女性需有女防损员在场。

（3）认定偷窃性质后，礼貌动员嫌疑人自己拿出赃物，切勿搜身或殴打；如嫌疑人拒绝合作，可晓之以理，并明确告知不要存侥幸心理。

（4）嫌疑人承认偷窃后，应填写"商品偷窃处理登记表"，由嫌疑人签写认罚书。

（5）通知嫌疑人的亲属或朋友带罚款到商场交款领人。

（6）对于未成年嫌疑人，应通知其家长，轻处理、重教育。

（7）罚款准则为"偷一罚十"，即按商品销价的10倍进行罚款。

（8）到财务部交罚款。

（9）把偷窃处理资料统一归档，对偷窃人员拍照、填写特征资料。

（10）拒不承认偷窃或不认罚人员交派出所处理。

（11）对确实没有作案的人员要做到道歉快、补偿快。

二、门店防损组织架构

（一）基本架构

一般来说，门店的防损组织架构由防损部经理、防损部主管、防损领班、保安人员、稽核人员、反扒人员、监控人员、机动人员组成，如图4-2-3所示。

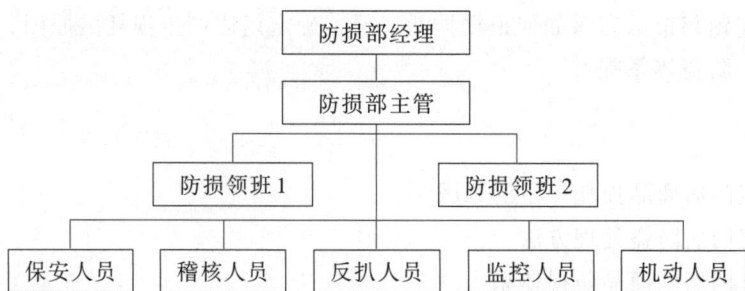

图 4-2-3　门店防损组织基本架构

（二）架构简介

1.保安人员

保安人员要按照需求设置定点工作岗位，负责对商铺所有人员、商品进行监督检查，负责维持店内的治安环境和店内突发事件的处理。

2.稽核人员

稽核人员负责收银线、稽核出入口的检查工作和防盗系统的测试及警报处理，并协助开展商铺出入货的确认和护银工作。

3.反扒人员

反扒人员负责在营业期间不定期地巡视商铺，及时发现店内出现的内盗、外盗案件并进行处理。

4.监控人员

在监控中心工作的人员负责店内监控设备的维护和管理，在营业期间通过监控设备查看所有布控点，及时发现异常现象，营业结束后负责开启自动报警装置。

5.机动人员

机动人员负责检查各店铺高价、易丢失商品的日盘，找出高损耗商品进行重点监控，配合各岗位工作，按需进行顶岗。

（微课）4-10
门店防损
作业管理

（微课）4-11
门店紧急
事件处理

----------------- ◎ 职业技能操练

| 工作项目

学生分组选择所熟悉的本地连锁超市门店，根据所给定的项目背景，为其制订门店防损方案。

| 项目背景

在卖场的消耗性项目中，损耗是最令人头痛的问题，因为它具有存在的普遍性和防范的复杂性，而且损耗"吃掉"的是净利润，通常1个单品的损耗要5个商品的销售利润才能补起来，这对平均毛利不到10个点的卖场来说，伤害性是极大的。对卖场来说，与损耗的斗争是长期而艰巨的任务。损耗的高低和控制水平是卖场获利的关键，要提高商品的销售绩效，就必须加强对商品损耗的管理。

那么连锁超市门店该如何根据损耗情况，确定门店产生损耗的原因，并且据此制定防损、防盗体系呢？

工作目标

- 确定门店商品损耗产生的原因
- 确定门店防盗处理方法
- 建立门店的商品防损体系

工作计划

请将门店防损工作计划填入表4-2-3中。

表4-2-3　　　　　　　　　　门店防损工作计划

工作要点	计划描述
损耗产生的原因	
外盗处理流程	
内盗处理流程	
防损体系的建立	

工作实施

步骤一：损耗产生的原因

［基础任务］通过调研、走访等方式，了解连锁超市门店的损耗情况，分析损耗产生的原因。

作业损耗：＿＿＿＿＿＿＿＿＿＿＿＿＿＿＿＿＿＿＿＿＿＿＿＿＿＿＿

＿＿＿＿＿＿＿＿＿＿＿＿＿＿＿＿＿＿＿＿＿＿＿＿＿＿＿＿＿＿＿＿＿

＿＿＿＿＿＿＿＿＿＿＿＿＿＿＿＿＿＿＿＿＿＿＿＿＿＿＿＿＿＿＿＿＿

＿＿＿＿＿＿＿＿＿＿＿＿＿＿＿＿＿＿＿＿＿＿＿＿＿＿＿＿＿＿＿＿＿

＿＿＿＿＿＿＿＿＿＿＿＿＿＿＿＿＿＿＿＿＿＿＿＿＿＿＿＿＿＿＿＿＿

变价损耗：＿＿＿＿＿＿＿＿＿＿＿＿＿＿＿＿＿＿＿＿＿＿＿＿＿＿＿

＿＿＿＿＿＿＿＿＿＿＿＿＿＿＿＿＿＿＿＿＿＿＿＿＿＿＿＿＿＿＿＿＿

＿＿＿＿＿＿＿＿＿＿＿＿＿＿＿＿＿＿＿＿＿＿＿＿＿＿＿＿＿＿＿＿＿

＿＿＿＿＿＿＿＿＿＿＿＿＿＿＿＿＿＿＿＿＿＿＿＿＿＿＿＿＿＿＿＿＿

＿＿＿＿＿＿＿＿＿＿＿＿＿＿＿＿＿＿＿＿＿＿＿＿＿＿＿＿＿＿＿＿＿

意外损耗：＿＿＿＿＿＿＿＿＿＿＿＿＿＿＿＿＿＿＿＿＿＿＿＿＿＿＿

＿＿＿＿＿＿＿＿＿＿＿＿＿＿＿＿＿＿＿＿＿＿＿＿＿＿＿＿＿＿＿＿＿

＿＿＿＿＿＿＿＿＿＿＿＿＿＿＿＿＿＿＿＿＿＿＿＿＿＿＿＿＿＿＿＿＿

_____

_____

_____

步骤二：外盗处理流程

［基础任务］根据连锁超市门店损耗产生的原因，制定外盗处理流程。

发现盗窃：_____

_____

调查取证：_____

_____

谈话问询：_____

_____

谈话笔录：_____

_____

处理、处罚：_____

_____

步骤三：内盗处理流程

［基础任务］根据连锁超市门店损耗产生的原因，制定内盗处理流程。

发现内盗现象：_____

_____

证据收集：_____

_____

谈话记录：_____

_____

形成报告：_____

_____

处理处罚：_____

_____

步骤四：防损体系的建立

［基础任务］根据连锁超市门店损耗产生的原因，建立相应的防损体系。

基本架构：_____

_____

_____

_____

_____

架构简介：_____

_____

_____

_____

_____

_____

_____

_____

●｜工作项目评价

评价采用多元化方式，评价主体由学生、小组、教师和企业构成，评价标准、分值及权重如下所示：

1.学生对自身在活动中的职业核心能力进行评价，将自评结果填入职业核心能力自测表中，见表4-2-4。

表4-2-4　　　　　　　　　职业核心能力自测表

（在□中打√，A通过，B基本通过，C未通过）

职业核心能力	评 估 标 准	自测结果
自我学习	1.能进行时间管理	□A □B □C
	2.能选择适合自己的学习和工作方式	□A □B □C
	3.能随时修订计划并进行意外事件处理	□A □B □C
	4.能将已经学到的东西用于新的工作任务	□A □B □C
信息处理	1.能根据不同需求去搜寻、获取并选择信息	□A □B □C
	2.能筛选信息并进行信息分类	□A □B □C
	3.能使用多媒体等手段展示信息	□A □B □C
数字应用	1.能从不同的信息源获取相关信息	□A □B □C
	2.能依据所给的数据信息作简单计算	□A □B □C
	3.能用适当方法展示数据信息和计算结果	□A □B □C
与人交流	1.能把握交流的主题、时机和方式	□A □B □C
	2.能理解对方谈话的内容，准确表达自己的观点	□A □B □C
	3.能获取并反馈信息	□A □B □C
与人合作	1.能挖掘合作资源，明确自己在合作中能够起到的作用	□A □B □C
	2.能同合作者进行有效沟通，理解个性差异及文化差异	□A □B □C
解决问题	1.能说明何时出现问题并指出其主要特征	□A □B □C
	2.能制订出解决问题的计划并组织实施	□A □B □C
	3.能对解决问题的方法适时作出总结和修改	□A □B □C
革新创新	1.能发现事物的不足并提出新的需求	□A □B □C
	2.能创新性地提出改进事物的意见和具体方法	□A □B □C
	3.能从多种方案中选择最佳方案并在现有条件下实施	□A □B □C
学生自我打分		

2.学生以小组为单位，对本工作项目的实施过程与结果进行自评，将自评结果填入小组自评表中，见表4-2-5。

表4-2-5　　　　　　　　　　　小组自评表

评价内容	评价标准	分值（分）	评分（分）
团队建设	团队合作紧密、互帮互助	10	
	工作态度端正、作风严谨	15	
	遵守法律、法规和工作准则	10	
工作情况	计划制订周密、组织有序	15	
	按计划高效率完成工作	20	
	工作成果完整且质量达标	30	
合　计		100	

3.教师就专业操作能力对小组工作过程与结果进行评价，并将评价结果填入专业能力测评表中，见表4-2-6。

表4-2-6　　　　　　　　　　专业能力测评表

（在□中打√，A掌握，B基本掌握，C未掌握）

业务能力	评价指标	自测结果	备注
处理纠纷	1.立场客观，不偏袒任何一方 2.及时通知当天值班负责人	□A □B □C □A □B □C	
防盗报警	1.熟悉如何让顾客与商品通过防盗门测试 2.会检查是否有商品漏扫或未取下防盗扣	□A □B □C □A □B □C	
卖场巡视	1.熟悉商场的防盗规章制度 2.能向顾客宣传有关规章制度	□A □B □C □A □B □C	
教师评语：			
教师打分		教师签字	

4.企业对小组工作过程与结果进行评价，并将评价结果填入企业评价表中，

见表4-2-7。

表4-2-7 企业评价表

关键考核指标	分值（分）	得分（分）
能客观公正地处理纠纷	40	
能熟练地进行防盗报警	40	
能正确进行卖场巡视	20	
合计	100	

5.根据上述结果填写综合评价表，见表4-2-8。

表4-2-8 综合评价表

自我评价（10%）	小组自评（10%）	教师评价（50%）	企业评价（30%）	综合评价

工作活动3
门店消防管理

⊙ 工作活动目标

1.了解门店发生消防安全事故的原因；
2.掌握门店消防管理的组织结构和制度及消防安全管理体系；
3.熟悉门店的消防演习流程。

⊙ 职业工作情境

　　对从事商业活动的连锁企业来讲，门店的消防安全管理是安全管理的重点。连锁企业门店必须做好消防安全管理工作，健全制度，建立组织，常抓不懈，防患未然；通过消防演习检查门店的火灾报警系统是否正常运转，员工是否熟悉火警信号、逃生通道和基本的逃生方法，提高全体人员对火灾的警惕性，起到警钟长鸣的作用。

⊙ 职业知识储备

知识点1
发生消防安全事故的原因

一、门店的设备老化
　　门店的电器设备老化，或从不做定期保养和检查，再加上接头松动、过载或短路等因素，容易导致电线过热而引起火灾。

二、员工基本常识不足

许多连锁企业门店的员工消防安全意识不足，不按操作规程作业，超负荷用电，不重视消防设施维护，造成门店消防安全事故。

三、员工缺乏警惕性

虽然总体来说每年都有门店发生消防安全事故，但是对单个门店来说，发生消防安全事故的概率是很低的，并不是经常发生火灾。因此，许多门店员工缺乏足够的警惕性，即便出现消防安全隐患，往往也掉以轻心，不能及时采取相应措施来解决，结果酿成大祸。

知识点 2
门店消防管理的内容

一、门店消防管理的组织结构和制度

（一）建立消防组织

门店内要设立消防中心，由店长担任负责人，根据门店规模配备一定数量的专职工作人员，并在此基础上，配备一定数量的兼职消防人员或消防骨干；上到店长，下到普通员工，人人有责，从组织上保证消防工作的有效开展。

1.消防委员会的组成

消防委员会的组成如图4-3-1所示。

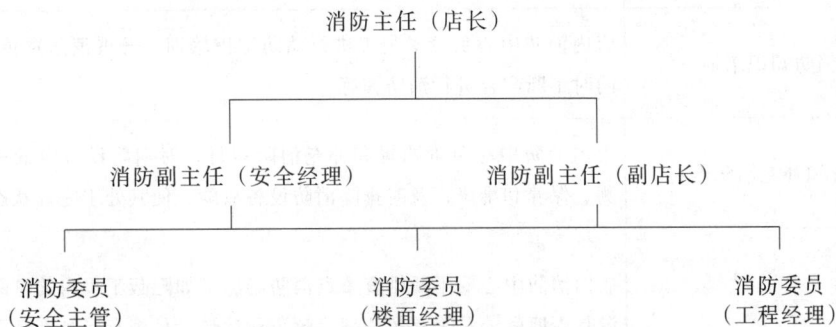

图4-3-1　消防委员会的组成

消防委员会的职责：

（1）每月召开一次消防工作会议，检查以往针对事故和危害的解决方案，改进商场中不安全的工作方法，营造安全的工作环境。

（2）每季度进行一次消防演习。

（3）负责消防人员的学习、训练及灭火演练，每年不少于3次。

（4）负责与各部门签订"防火安全责任书"，与厂家签订"厂家防火安全责任书"，全面管控消防安全工作。

2.消防小组的组成

消防小组的组成如图4-3-2所示。

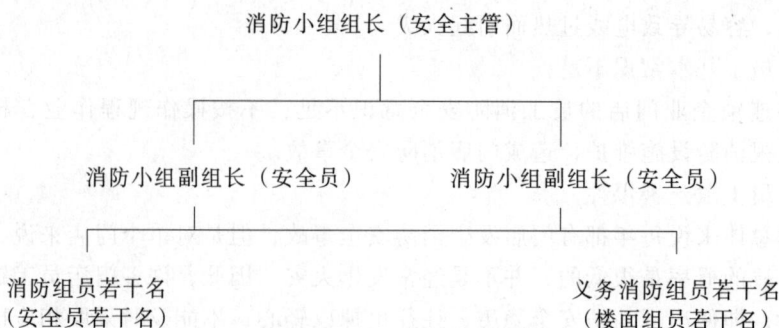

图 4-3-2　消防小组的组成

消防小组的职责：

（1）消防小组每周进行一次消防检查。

（2）消防安全员每日进行全场的消防巡视。

（二）制定消防安全管理制度

店内消防中心负责制定消防安全管理制度（见表4-3-1），督促各部门贯彻落实消防措施；负责调查出现消防安全事故的原因，并提出处理方案和意见。

表4-3-1　　　　　　　　　　　　消防安全管理制度

项　目	内　容
具体的管理制度	消防安全例会制度，防火检查制度，消防宣传教育培训制度，消防设施、器材管理制度，用电防火安全管理制度，消防常识
消防知识培训	店内消防中心负责对员工进行消防知识培训，开展消防宣传教育，同时不断配合进行消防演练
购置和补充消防器材	店内消防中心负责购置和补充消防器材，对消防设备定期进行检测、保养和维修，及时排除消防设备故障，使其处于完好状态
排查重点消防隐患	店内消防中心要不断排查重点消防隐患，如隐蔽工程内的电路和电源是否匹配，是否有超功率、超负荷运转，是否有接触不良而引起短路、电火花等；检查消防通道是否畅通无阻，检查消防栓是否漏水、无水；检查工作过程中哪些环节容易导致火灾发生等
消防保卫安全	店内消防中心负责外来施工单位人员的安全监督及出入登记，保证店内施工期间的消防安全，规避外来施工人员或其他人员带来的安全隐患

（动画）4-12

门店消防人员的工作职责

二、了解消防监控设备的功能

消防监控设备在消防安全管理中具有非常重要的作用，门店员工必须熟悉各种消防监控设备的功能，见表4-3-2。

表4-3-2   消防监控设备各部分的功能

设备名称	功能
火灾报警控制器	给火灾探测器供电，监视连接线路的断路/短路故障，接收火灾探测器的报警信号并显示/记录报警时间与部位，执行相应辅助控制
消防监控显示屏幕	接收火灾报警、故障信息，发出声光信号，并在显示器上的平面图相应位置显示报警信息，向监控中心传输信息
消防联动控制器	接收火灾报警信号，根据预定的控制逻辑向相关的联动控制装置发出控制信号，控制各类消防设备自动灭火、限制火势蔓延等
消防电话总机	通过与消防电话分机/插孔直接通话，实现对火灾的人工确认，及时掌握火灾现场情况，并进行指挥灭火和开展恢复工作
消防外线电话	确认火灾后通过拨打"119"向消防机构报告火警
消防应急广播	通过对指定区域广播进行火灾逃生疏散和灭火指挥

三、门店消防安全管理体系

（一）消防通道

消防通道是建筑物在设计时留出的供消防、逃生使用的通道。员工要熟悉离自己工作岗位最近的消防通道的位置。消防通道必须保持通畅、干净，不得堆放任何商品、杂物堵塞通道。

（二）紧急出口

紧急出口是超市发生火灾或意外事故时，需要以最快时间紧急疏散人员离开超市时使用的出口（如图4-3-3所示）。员工要熟悉离自己工作岗位最近的紧急出口的位置。紧急出口必须通畅，不得堆放任何商品、杂物。紧急出口不能锁死，只能使用紧急出口的专用门锁关闭；紧急出口仅供出现紧急情况时使用，平时不能使用。

图4-3-3　紧急出口

（https：//image.baidu.com/search/detail?ct=503316480&z=0&ipn=紧急出口标志图片）

（三）疏散图

疏散图是表示超市各个楼层紧急通道（如图4-3-4所示）、紧急出口和紧急疏散通道的标识图（如图4-3-5、图4-3-6所示）。它为人们提供危险时刻如何逃生的途径，向人们提供行动的方向、通道、出口。疏散图需要悬挂在超市的明显位置，供员工和顾客使用。

图4-3-4　紧急通道

（https：//image.baidu.com/search/detail?ct=503316480&z=紧急通道）

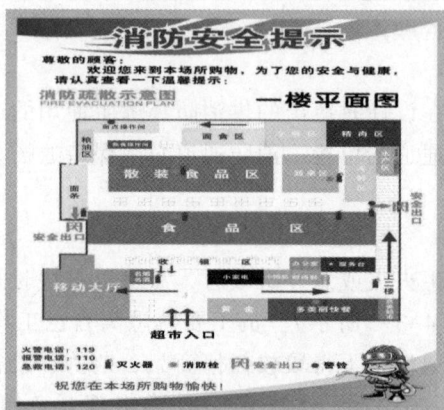

图4-3-5　疏散图（1）

（https：//image.baidu.com/search/detail?ct=503316480&z=0&ipn=d&word=超市消防安全疏散图）

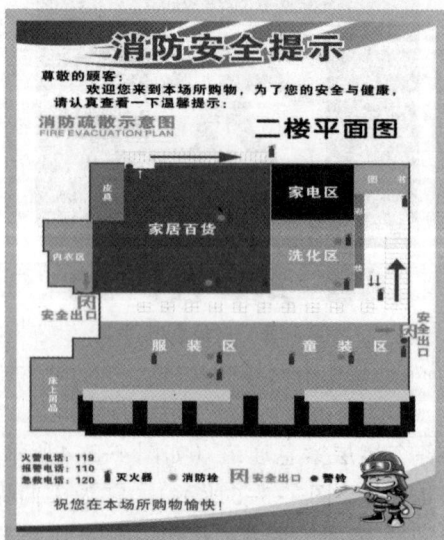

图4-3-6　疏散图（2）

（https：//image.baidu.com/search/detail?ct=503316480&z=0&ipn=d&word=超市消防安全疏散图）

（四）消防设施

消防设施是指用于火灾报警、防火排烟和灭火的所有设备。消防器材是用于扑救初起火灾的灭火专用轻便器材。超市主要的消防设施有以下几种：

1.火灾警报器

当发生火警时，超市的报警系统（如图4-3-7所示）会发出火警警报。

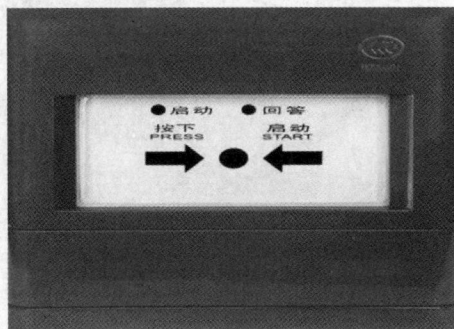

图4-3-7　报警系统

（https：//image.baidu.com/search/detail?ct=503316480&z=0&ipn=d&word=报警系统）

2.烟感/温感系统

烟感/温感系统对烟的浓度、温度进行测试，当指标超过警戒时，系统发出警报。

3.喷淋系统

当火警发生时，喷淋系统启动，屋顶的喷淋头会喷水灭火。

4.消防栓

当火警发生时，消防栓的水阀打开，喷水灭火。

5.灭火器

当火警发生时，可以使用灭火器（如图4-3-8所示）进行灭火。

图4-3-8　灭火器

（https：//image.baidu.com/search/detail?ct=503316480&z=0&ipn=d&word=灭火器）

6.防火卷闸门

当火警发生时，放下防火卷闸门（如图4-3-9所示），可以隔离火源，阻止烟及有害气体的蔓延，保障生命和财产安全。

7.内部火警电话

当火警发生时，所有人员均可以拨打内部火警电话报警，便于迅速组织灭火工作。

图4-3-9　防火卷闸门

（https：//image.baidu.com/search/detail?ct=503316480&z=0&ipn=d&word=防火卷闸门）

（五）监控中心

监控中心是超市设置的监控系统的计算机控制中心，控制超市的消防系统、保安系统、监视系统。监控中心通过图像、对讲系统，能24小时对超市的各个主要位置、区域进行监控，第一时间处理各种紧急事件。

（六）紧急照明

在火警发生后、超市内的所有电源关闭时，可启动紧急照明系统。

（七）火警广播

当火警发生时，无论是在营业期间还是非营业期间，广播室都必须进行火警广播，通知顾客或员工，稳定其情绪。火警广播通常有规定的播音内容。例如：顾客朋友们，请注意！由于本店××地方发生火灾，请大家迅速从最近的安全通道、紧急出口离开商场。请大家不要惊慌，不要拥挤，我们所有工作人员愿为您提供服务。谢谢！

知识点3
门店消防管理工作流程

门店的安全问题始终是最难预期的。防微杜渐、未雨绸缪，应该是每个店长每日、每时都应有的意识。预防工作做到位，即使有不测发生，损失也会降到最低程度。

一、安全防范管理流程

店长对安全作业实施管理，可以消除各种隐患和风险，对各种不安全状态进行管控，最大限度地预防和避免意外事故的发生。图4-3-10是安全防范管理流程图。

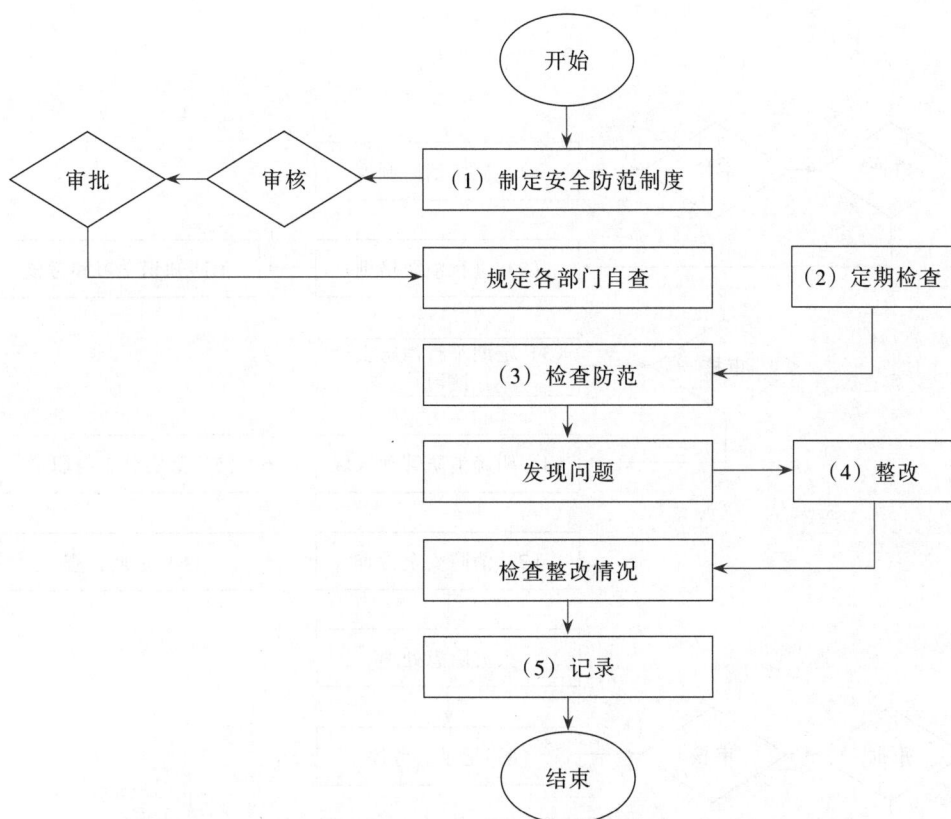

图4-3-10　安全防范管理流程

二、消防管理工作流程

连锁门店需制定消防制度，对员工进行消防培训，落实责任和分工，且平时要进行消防演练，谨防在遇到火灾时员工手足无措，无法应对。消防管理工作的具体流程如图4-3-11所示。

下面给出一份防火安全责任书样例。

防火安全责任书

营运部门：　　　　　　　　　防损处：

责任人：　　　　　　　　　　责任人：

职务：　　　　　　　　　　　职务：

为贯彻超市的逐级防火责任制，根据消防条例和消防部门有关消防安全的管理规定，按照"谁主管，谁负责""谁在岗，谁负责"的原则，将防火安全工作落实到每一名员工，确实做到防火安全人人有责，不发生火灾事故，特制定本防火安全责任书。

1.自觉遵守消防法规及公司的各项安全制度，严格遵守安全操作规程，不发生火灾、工伤等责任事故，确保公司财产和员工生命的安全。

2.各营运部门配备义务消防员，部门负责人与义务消防员坚持每天对自己的工作责任区域进行安全检查，发现火灾隐患及时处理并上报。

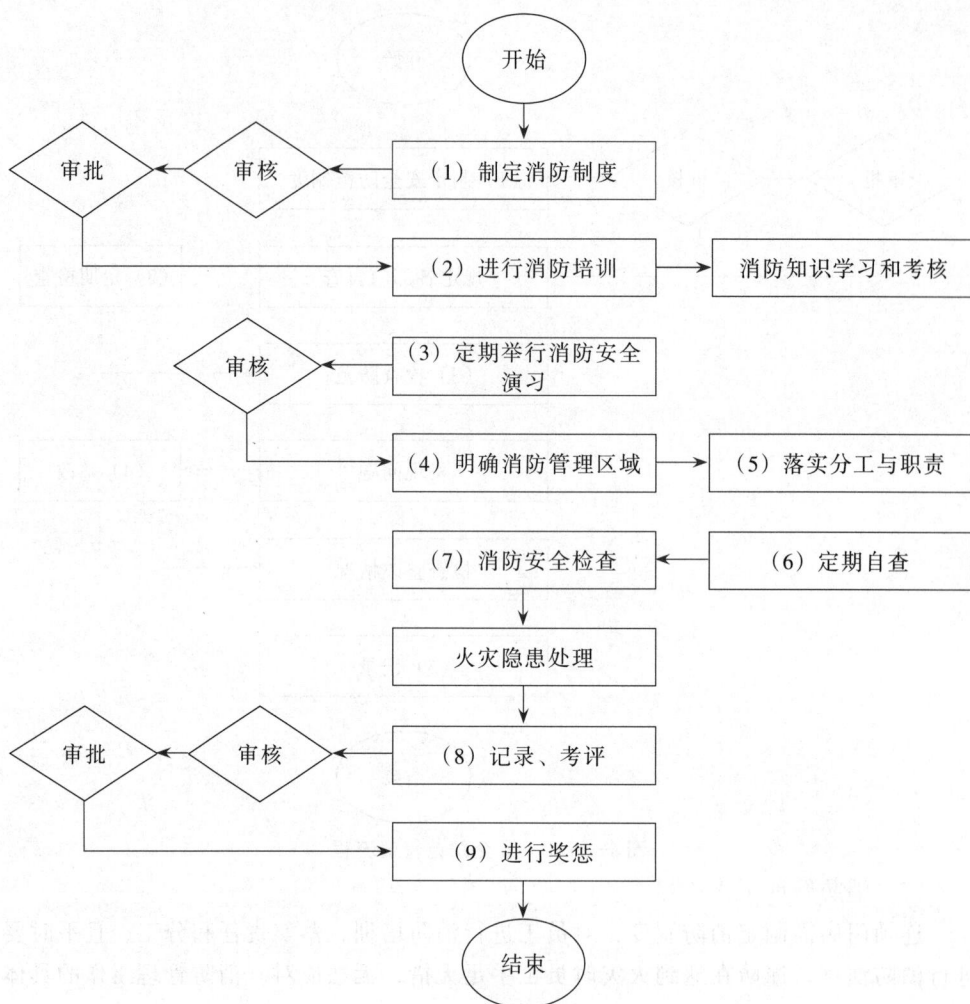

图 4-3-11　消防管理工作流程

3.各营运部门确保本区域内的消防器材符合要求，确保消防通道、消防门畅通无阻，确保消防报警系统、喷淋系统能正常工作。

4.危险品、易燃易爆品的存放和使用符合消防安全准则。对于存放大量商品的仓库，消防状况应符合仓库的消防安全制度。

5.营业结束后，关闭本工作区域内的电源，认真检查工作是否有遗留、是否有可燃物；发现后要及时处理，确认安全后方可离岗。

6.安全用电，超市内不违章动用明火，不乱扔可燃物，不吸烟。

7.不准安装、拆改各种电器设备、电源线路、开关，不准在电源线路上乱加负载，不准使用未经批准的各种电器设备。

8.未经过上岗培训的人员或未取得上岗证人员，或非本岗位操作人员，不得擅自操作专业电气设备。

9.认真参加消防培训，懂得基本的防火知识、逃生知识，会报火警，会使用灭火器材，会扑救初期火灾。

10.各营运部门必须将报警电话、火灾突发事件处理小组的联系方式等资料张贴在部门明显位置。

11.服从领导，听从指挥，接受各级安全检查，对指出的问题积极整改。

12.对在防火安全工作中有突出成绩的，由部门或防损处报主管领导进行表扬或奖励；对于违反本责任书和有关安全规章制度的员工，由防损处照章处罚，直至追究法律责任。

本"责任书"一式两份，一份交营运部门，一份交防损处备查。

责任人：　　　　　　　　营运单位：

责任人：　　　　　　　　防损处：

年　月　日

知识点4
消防检查与演习

一、消防检查

消防工作的重要原则是预防为主，因此日常的消防检查是最基本、最有效的工作方法。消防检查要形成一种制度，不仅是检查巡视，还是一种随时随地的检查；不仅是消防专职人员的分内工作，也是每一位员工在工作中时刻注意的方面，一旦发现隐患，任何人员都有责任立即通知有关部门。

（一）消防检查的类型

消防检查的类型包括：

（1）日消防检查、月消防检查、季度消防检查。

（2）安全经理消防检查、安全员消防检查、部门义务安全员消防检查。

（3）项目消防检查。

（二）消防检查的程序和步骤

消防检查的程序和步骤见表4-3-3。

表4-3-3　　　　　　　　消防检查的程序和步骤

检查程序	检查步骤
消防检查	按检查表的内容进行例行检查
消防检查报告	由消防中心进行审核
提交给相关部门	将检查报告提交相关部门的负责人，如工程部门、营运部门、承租厂商、企划部门等，指出问题的所在和整改期限
整改	按报告的指示进行整改
整改报告	整改后的结果以口头或书面方式反馈给安全部门
整改效果检查	安全部门对重要的隐患进行整改效果检查

（三）消防检查的内容

消防检查的内容很多、很细，以下是门店消防管理工作中需重点注意的项目，见表4-3-4。

（思政微课）
4-13

树立勤勉细微的商业精神，严格检查门店消防安全

表4-3-4 消防检查的内容

检查项目	检查内容
①灭火器、消防栓	位置是否正确，配件是否齐全
②紧急出口、通道	是否畅通，紧急出口标志、防火标志、禁止吸烟标志、紧急疏散图是否完好无损、位置正确
③火警报警系统	是否正常工作
④堆积商品	是否距消防喷淋头至少50厘米
⑤配电房	是否有易燃物品
⑥工程部储物间	是否采取安全措施
⑦电力、燃气设备	操作员工是否有上岗证
⑧仓库照明	是否符合要求
⑨隐患通知	是否全部反馈

（动画）4-14

连锁超市
变配电室
管理制度

（四）消防安全的日常检查

消防安全的日常检查项目也是非常重要的。表4-3-5是消防安全日常检查表。

表4-3-5 消防安全日常检查表

检查类别		检查时间		检查人	
受检单位		受检部位		受检人	
检查项目		检查标准			√/×
1.消防器材、设施		配置到位，齐全、有效、合理			
2.自动消防设施		运行正常，控制室值班在岗情况良好			
3.消防通道		消防车通道、安全疏散通道、安全出口布置合理、通畅			
4.消防水源		布局合理、供水通畅、水压充足			
5.防火帽		配置到位、完好、有效			
6.消防标志		设置到位、完好、有效			
7.应急照明		设置到位、完好、有效			
8.用火、用电		手续齐全，安全措施落实，无违章、隐患；防雷、防静电措施符合安全要求			
9.建筑工程		落实"三同时"，符合建筑工程消防监督审核管理规定			
10.消防重点单位		自主管理到位，现场无违章、隐患			
11.记录		齐全，填写规范、有效			
12.易燃易爆化学危险物品和场所及其他重要物资、可燃物品		落实防火防爆措施			
其他					
问题及整改要求					
复查情况					
时间		检查人		受检人	

二、消防演习

（一）目的

消防演习的目的是检查门店火警报警系统是否正常运转，员工是否熟悉火警信号、逃生渠道和基本的逃生方法，提高全体人员对火警的警惕性，起到警钟长鸣的作用。

（二）程序和内容

消防演习的程序和内容见表 4-3-6。

表 4-3-6　　　　　　　　　消防演习的程序和内容

演习程序	演习内容
策划演习	确定本次演习时间、指挥人员，为确保效果，要对演习时间进行保密
火警报警	拉响警报
人员疏散	所有人员从各个出口进行撤离、逃生，管理层进行紧急疏散程序的演练
演习集中	所有远离现场的人员到指定的演习集中区集中，规定时间一到，立即清点已经在场的人员，并记录未能撤出的人员姓名和部门
演习报告	安全部门对本次演习的结果进行评估，撰写演习报告
消防培训	对未能及时撤出的人员进行消防知识培训，并对所属部门的管理层进行监督评分

表 4-3-7 是某超市火灾救援应对流程。

表 4-3-7　　　　　　　　　某超市火灾救援应对流程

涉及人员	对应流程	对应措施
现场目击者	报告情况	现场目击者发现火情后，迅速将火情报告给值班店长及监控室，说明着火的地点、物资、火势大小等情况
	扑救初起火灾	迅速召集附近人员利用周围的消防器材扑救初起火灾，最大限度地控制火势
监控员	启动应急预案	1.密切观察火情，如火势无法控制，立即报火警 119； 2.打电话向消防安全领导小组汇报，同时启动消防应急预案； 3.启动消防广播疏散人群，启动排烟系统并通知电工切断电源、气源，火势严重时启动喷淋系统； 4.根据情况调动其他门店人员进行支援
消防安全领导小组	指挥义务消防队人员扑救	指挥义务消防队人员按照各自的职能分工，扑救火灾、疏散顾客及员工，将火灾损失降到最低程度
全体员工	应急疏散	火势较大时，全体员工按照应急疏散路线迅速撤到安全地点
119 消防队	消防队扑救火灾	较大的火势由消防队支援扑救，消防安全领导小组要配合消防队做好相关工作
相关部门	调查处理	火灾事故处理完后，对此次事故的原因进行调查，并制订整改方案
	落实整改措施	相关部门按照整改措施进行整改，由公司进行验收

·············◯ 职业技能操练

工作项目

学生分组选择所熟悉的本地连锁超市门店，根据给定的项目背景为其制订门店消防安全方案。

项目背景

1993年2月14日，河北省唐山市林西百货大楼发生特大火灾。

自1992年秋季开始，林西百货大楼为了扩大营业面积，在主楼东侧原为一层的家具部基础上加层扩建。由于大楼领导只追求经济效益，不顾安全，采用了边施工、边营业的办法，结果出现了大楼内顾客忙购物、大楼外施工人员忙作业的情况。2月14日13时15分，无证电焊工董某在既不清理现场也无任何监护措施的情况下动焊。电焊熔渣掉入厅内一人多高的海绵床垫上。着火后，用脸盆里的水扑不灭，在场的一个营业员抱来灭火器，但是却不会使用。这时，火势已经很大了。消防队接到警报后，立即调集消防车赶赴火灾现场，共出动消防车24部、消防指战员164人，大火于16时30分被扑灭。此次火灾造成80人死亡，55人受伤，大楼全部商品被烧毁，直接经济损失达400万元。

假如你是商场经理，要对百货大楼着火事件进行总结，你认为发生着火的原因是什么？应该从哪些方面进行消防管理？平常又应该进行怎样的消防检查与消防演习？

工作目标

- 确定该门店发生消防事故的原因
- 确定该门店消防管理的内容
- 确定该门店进行消防检查与演习的情况

工作计划

请将门店消防安全工作计划填入表4-3-8中。

表4-3-8   门店消防安全工作计划

工作要点	计划描述
消防事故发生的原因	
门店消防管理的内容	
门店消防检查与演习	

| **工作实施**

步骤一：门店消防事故发生的原因：

［基础任务］通过调研、走访的方式，了解连锁超市门店消防现状，分析门店消防事故发生的原因。

门店的设备老化：_____

_____

_____

_____

员工基本常识不足：_____

_____

_____

_____

_____

员工缺乏警惕性：_____

_____

_____

_____

_____

_____

步骤二：门店消防管理的内容：

［基础任务］根据连锁超市门店的消防现状，确定门店消防管理的内容。

门店消防管理的组织结构和制度：_____

_____

_____

_____

_____

_____

门店消防安全管理体系：_____

_____

_____

_____

_____

_____

步骤三：门店消防检查与演习：

[基础任务] 根据连锁超市门店的消防安全状况，制定门店的消防检查与演习机制。

消防检查：_____

_____

_____

_____

_____

消防演习：_____

_____

_____

_____

_____

_____

_____

○ 工作项目评价

评价采用多元化评价方式，评价主体由学生、小组、教师和企业构成，评价标准、分值及权重如下所示：

1.学生对自身在工作项目中的职业核心能力进行评价，将自评结果填入职业核心能力自测表中，见表4-3-9。

表4-3-9　　　　　　　　职业核心能力自测表

（在□中打√，A通过，B基本通过，C未通过）

职业核心能力	评 估 标 准	自测结果
自我学习	1.能进行时间管理	□A □B □C
	2.能选择适合自己的学习和工作方式	□A □B □C
	3.能随时修订计划并进行意外事件处理	□A □B □C
	4.能将已经学到的东西用于新的工作任务	□A □B □C
信息处理	1.能根据不同需求去搜寻、获取并选择信息	□A □B □C
	2.能筛选信息并进行信息分类	□A □B □C
	3.能使用多媒体等手段来展示信息	□A □B □C

续表

职业核心能力	评 估 标 准	自测结果
数字应用	1.能从不同信息源获取相关信息	□A □B □C
	2.能依据所给的数据信息作简单计算	□A □B □C
	3.能用适当方法展示数据信息和计算结果	□A □B □C
与人交流	1.能把握交流的主题、时机和方式	□A □B □C
	2.能理解对方谈话的内容，准确表达自己的观点	□A □B □C
	3.能获取并反馈信息	□A □B □C
与人合作	1.能挖掘合作资源，明确自己在合作中能够起到的作用	□A □B □C
	2.能同合作者进行有效沟通，理解个性差异及文化差异	□A □B □C
解决问题	1.能说明何时出现问题并指出其主要特征	□A □B □C
	2.能制订出解决问题的计划并组织实施	□A □B □C
	3.能对解决问题的方法适时作出总结和修改	□A □B □C
革新创新	1.能发现事物的不足并提出新的需求	□A □B □C
	2.能创新性地提出改进事物的意见和具体方法	□A □B □C
	3.能从多种方案中选择最佳方案并在现有条件下实施	□A □B □C
学生自我打分		

2.学生以小组为单位，对本工作项目的实施过程与结果进行自评，将自评结果填入小组自评表中，见表4-3-10。

表4-3-10　　　　　　　　　　小组自评表

评价内容	评价标准	分值（分）	评分（分）
团队建设	团队合作紧密、互帮互助	10	
	工作态度端正、作风严谨	15	
	遵守法律、法规和工作准则	10	
工作情况	计划制订周密、组织有序	15	
	按计划高效率完成工作	20	
	工作成果完整且质量达标	30	
合　计		100	

3.教师就专业操作能力对小组工作过程与结果进行评价，并将评价结果填入专业能力测评表中，见表4-3-11。

4.企业对小组工作过程与结果进行评价，并将结果填入企业评价表中，见表4-3-12。

5.根据上述结果填写综合评价表，见表4-3-13。

表4-3-11 专业能力测评表

（在□中打√，A掌握，B基本掌握，C未掌握）

业务能力	评价指标	自测结果	备注
学会分析门店发生消防事故的原因	1.熟悉门店发生消防事故的原因	□A □B □C	
	2.学会分析门店消防事故	□A □B □C	
掌握门店消防的内容	1.熟悉门店消防工作的具体内容	□A □B □C	
	2.学会分析门店消防工作	□A □B □C	
消防检查与消防演习	1.熟悉消防检查的步骤	□A □B □C	
	2.掌握消防演习的步骤	□A □B □C	
教师评语：			
教师打分		教师签字	

表4-3-12 企业评价表

关键考核指标	分值（分）	得分（分）
能准确分析门店消防事故发生的原因	40	
能够建立完善的门店消防安全管理体系	40	
能合理制订消防演习方案	20	
合计	100	

表4-3-13 综合评价表

自我评价（10%）	小组自评（10%）	教师评价（50%）	企业评价（30%）	综合评价

职业素养指南

门店消防人员岗位职责及素质要求

岗位职责：

1.认真执行有关消防工作的各项方针、政策、法规和制度；为保护门店财产尽职尽责。

2.消防中心24小时有人值班，每日做好工作情况及设备运转情况的记录。

3.在中控室值班时要对各种设备进行认真监控，如有报警或故障应及时到位，立即通知巡视人员进行查看或进行修复。

4.时刻保持中控室设施设备的完好、齐全，对讲机电源充足，通信顺畅，中控室整洁。

5.消防巡视员每日对门店的各个区域进行消防安全检查，发现问题或隐患及时上报并实地解决，对违反消防法规和制度的各种行为及时加以制止，情节严重者应立即上报上级查处，每日认真做好巡查记录。

6.如发生火警，按门店规定的报警程序及时通知有关人员及有关部门处理。

7.发生火灾时，能迅速赶到现场，准确启动和运用各种设备，沉着冷静地协助领导组织灭火自救工作。

8.向员工进行安全防火宣传教育。

9.按要求做好各种消防设备的检测工作。

10.当好领导的参谋，制订各区域火灾事故处理应急方案，定期实战演习。

11.认真完成上级交派的其他工作。

素质要求：

1.基本素质。对门店的消防工作有很强的事业心和高度的责任心，处置果断，有较好的个人修养和良好的人际关系。

2.自然条件。相貌端正，精力充沛，身体健康，以18岁以上男性为宜，身高1.75~1.79米。

3.文化程度。高中以上学历。

4.外语水平。英语初级。

资料来源：作者根据相关资料整理而成.

素养讨论：几年前，北京石景山喜隆多商场发生了火灾。经调查，起火原因系麦当劳餐厅甜品操作间内电动自行车蓄电池在充电时发生故障。商场内部监控录像显示，首先发现火情的麦当劳餐厅女值班店长和另一名员工既未处置火情，也未在第一时间提醒顾客疏散，而是自行逃离现场，其失职导致失去了最佳的灭火时机。商场消防中控室的值班人员在听到自动报警系统报警后不是马上启动喷淋系统，而是先后两次摁掉报警声继续玩平板电脑游戏。直到几分钟后大面积的报警灯闪烁起来，显示火势已经大范围蔓延，这名工作人员才停下手中的游戏，起身去观察他身后的自动报警系统和自动灭火系统，但由于不会操作，这名值班人员一直在研究说明书。后来又跑进来两名值班人员，但同样手足无措，没有人启动自动灭火系统。

由于起火初期现场没有采取任何灭火措施，大火很快从麦当劳餐厅蔓延到了商场的外面，并沿着整个外立面的广告牌迅速蔓延到整座大楼。

这次火灾动用了15个消防中队的64部消防车、300多名消防人员，历经9个小时才将大火扑灭，导致两名消防战士牺牲和重大的财产损失。

在这次火灾中，从这名安全值班员身上应吸取什么样的教训？

门店园地　　　　　　　　森林中的鹿和狼

20世纪初，在美国西部落基山脉的凯巴伯森林里生活着大约4 000只鹿。鹿的天敌是狼，它们总在寻找机会对鹿下毒手。为了保护鹿，周围的居民开展了打狼运动。最终，森林里的狼被斩尽杀绝，凯巴伯森林从此成了鹿的王国，很快，鹿的总数就超过了10万只。但是好景不长，由于牧草有限，加上鹿体质下降，疾病蔓延，一大批鹿因冻饿而死，鹿的数量大减。到1942年，凯巴伯森林只剩下了约8 000只病鹿。人们没有想到，狼居然是森林和鹿的"功臣"。它起着择优汰劣、限制鹿群数量、防止"鹿口爆炸"，驱赶鹿群奔跑跳跃、保持生机的作用。没办法，人们又实施了"引狼入室"计划，森林中又焕发了勃勃生机。

资料来源：作者根据相关资料整理而成．

思政评析：这个故事完美地诠释了"生于忧患，死于安乐"这句名言。其告诉我们：人的潜能是无限的，但人是在外界的压力下日渐成熟的，如果人在安乐中生存，那他很快就会失去对外界的抵抗、对生活真谛的领悟，最后会像"温水效应"中的青蛙一样，失去生存能力；而紧张的生活节奏、适当的压力能使人绝处逢生，在"绝望"中寻找通往光明的前程！

● 本情境预期学习成果

学习成果名称：门店安全管理

学习成果目的：通过模拟实训演练与操作，初步了解门店安全管理的工作流程和重点。

学习成果内容：

1.仔细观察自己所熟悉的连锁企业门店，调查分析它们是如何开展门店安全管理活动的？它们是如何制订门店各类安全事故的处理方案的？每种事故的处理流程是怎样的？

2.由教师拟定题目，走访合作企业，分析安全管理对其日常经营活动的影响。

学习成果思考：

你想在当地开一家连锁超市门店，具体情境自设。请结合以上3项工作涉及的知识和技能，制订你所经营门店的安全工作方案、防损方案、消防方案。

学习成果组织：学生分小组进行调查研究、分析设计，并形成文案或报告。

学习成果总结：学生分小组交流，教师根据文案或报告、PPT演示、讨论分享中的表现分别对每组进行评价打分。

5

工作情境5

门店数据分析

〉〉〉〉〉 情境目标

知识目标

1.掌握连锁企业门店的销售数据追踪工作流程；
2.掌握连锁企业门店的会员数据分析工作流程；
3.掌握连锁企业门店的运营数据分析工作流程。

技能目标

1.能够根据企业实际情境进行年度销售目标的分解和追踪分析；
2.能够根据企业实际情境进行顾客价值分析并提出改进建议；
3.能够根据企业实际情境进行运营指标分析并提出改进建议。

思政目标

　　以爱岗敬业、精益求精的大国工匠精神为切入点，以诚信经营、习近平对"正确义利观"的精辟论述为职业素养引导，通过连锁企业门店数据分析系列实践模拟工作流程，引导学生遵循职业道德规范，使其有正确的职业理想、较高的职业品质和崇高的职业奉献精神；引导学生透过数据表象看到门店运营本质，培养实践精神和创新精神；引导学生奉行实事求是、严谨求真的工作作风，提升其门店运营管理的数字化职业素养。

≫≫≫ 情境导入

　　在门店日常运营工作中，有一些关键数据需要门店进行分析。门店管理者如果对日常经营指标（如日均销售额、连带率、客单价、毛利率等）不清楚，对人效、平效缺乏基本认知，门店的经营目标就很难实现。门店店长应该掌握涵盖商品、员工、顾客、资金等多方面的核心数据，将自己打造成"数据化"店长，强化数据的应用，彻底摆脱经验主义，顺应精细化管理的时代要求。但无论哪方面数据，分析只是一个开始，关键是能够找出门店运营存在的问题及可以挖掘的潜力，指导店员开展下一步工作。请结合门店数据系统的相关数据资料，进行门店销售数据、会员数据、运营数据等多维度数据指标分析和趋势分析，进一步查找数据背后的运营问题并给出门店运营改进建议。

≫≫≫ 工作活动

工作活动 1　销售数据追踪
工作活动 2　会员数据分析
工作活动 3　运营数据分析

工作活动 1
销售数据追踪

○ 工作活动目标

能够进行销售目标的分解并利用数据工具对销售进度进行时时追踪

○ 职业工作情境

零售门店的销售目标管理是零售企业管理的一个重心，需要把零售企业总的年度销售目标分解到各个门店，再把每个门店的年度销售目标拆分成每月的销售目标，并进一步把每月的销售目标细化分解到每日。这样做的好处是可以日日追踪销售完成情况，使门店人员的工作有目的、有检查、有落实，并能及时对门店运营的目标偏差进行修正。

○ 职业知识储备

知识点 1
销售目标预测

（动画）5-1

到底是赚了
还是赔了

对一个零售企业来讲，虽说运营策略体现在财务、销售、市场、人力等各个方面，但是创造更高的销售业绩永远是企业生存的第一要务，销售目标的制定是每个企业的头等大事。销售目标预测非常重要，预测分为定性预测和定量预测两大类，在实际工作中，定性预测和定量预测往往是互相配合使用的。如新开一个门店，要确定这个门店的销售目标，既可以使用专家意见法来做定性分析，也可以根据相关门店的销售数据来做定量化预测，如采用季节指数法。

季节指数法，就是根据门店各年按月（或季）编制的时间序列资料，以统计方法测定出反映该门店销售业绩季节变动规律的季节指数，并利用季节指数进行门店销售目标预测的方法。季节指数法在零售行业运用广泛，因为零售行业本来就是一个季节性很强的行业，销售业绩和销售目标会随着季节的变化而发生变化。

季节指数法的操作步骤如图 5-1-1 所示。

One 计算各年同季（或同月）的平均值 $\bar{y}_t = \dfrac{\sum_{i=1}^{n} y_t}{n}$

Two 计算所有年所有季（或月）的总平均值 $\bar{\bar{y}}_i = \dfrac{\sum_{i=1}^{n} \bar{y}_i}{n}$

Three 计算各季（或月）的季节比率（即季指数）$f_i = \dfrac{\bar{Y}_t}{\bar{\bar{Y}}}$

Four 估算预测期趋势值 $\hat{X}_t$（有多种估算方法）

Five 建立季节指数预测模型 $\hat{Y}_t = \hat{X}_t \cdot f_i$，进行预测

图 5-1-1　季节指数法的操作步骤

（微课）5-2

季节指数法
案例讲解

知识点2
销售目标分解

对任何一家门店来说，无论是年度销售目标、季度销售目标还是月度销售目标，都不是一天就可以完成的，也不是突然在某个节点就能完成的，而是日清日结、日积月累的结果。销售目标的分解是为了更加清晰地了解每天门店销售任务的进度。分解并追踪销售目标，是门店销售目标落到实处的关键。

一、周权重指数

周权重指数是以某一销售周期内的历史日销售额数据为基础，以周为单位进行权重分析处理的一种管理工具。周权重指数是一个相对概念，它在每个零售企业都不尽相同，一般介于7.0到14.0之间。该值越大，表示该企业或者门店的日销售额波动幅度越大。周权重指数是零售企业用来量化处理各种销售状况、销售数据的管理工具，在实际操作过程中，为了实行标准化管理，每个零售企业的所有门店都应该采用统一的周权重指数。

企业标准周权重指数的计算步骤如下：

第一步：收集企业每个完整门店最近一个完整年度的日销售额数据。完整门店是指在完整年度中有完整销售额的门店，如完整门店数量较少，新店和有停业间断销售的门店可以通过数据还原方法转变为可以进行数据分析的完整门店。完整年度可以是自然年，也可以是时间连续的一年，如2021年1月1日到2021年12月31日或2021年7月1日到2022年6月30日都是完整年度。

第二步：将所有完整门店的每日销售额数据对应相加，得到企业的每日销售额数据。

第三步：根据门店的零售规律对日销售数据进行预处理，剔除异常数据。之所以要剔除异常数据，目的是让数据更真实地反映门店的日常销售规律。

第四步：将剩下的数据以周为单位进行整理，然后计算出周一到周日每天的平均日销售额。

第五步：找到平均日销售额最低一天的销售数据，设定它的权重指数为1.0，然后分别用其余六天的平均日销售额除以这个最低值，就分别得到其余六天每天的权重指数。

第六步：将七天的权重指数相加就是周权重指数。

二、日权重指数

有了零售企业标准的周权重指数之后，每个门店都可以根据该门店周一到周日的平均日销售规律来进行日权重指数的计算。

门店日权重指数的计算公式如下：

星期N（N为1~7）的日权重指数=（星期N的平均日销售额÷平均周销售额）×企业周权重指数

门店的销售规律需要每个月都总结一次，这样做的好处是销售规律更有实效性和针对性；也可以固定化，不必每个月都总结一次，前提是在收集数据时收集完整年度数据而不是三个月的数据。门店在进行日权重指数计算的时候，需要对一些特殊日期做专门处理。例如，国庆节七天假期，每年只会有七个销售日数据，数据量太小，偶然性比较大，所以需要扩大分析范围，增加数据源，可以选取近两三年的历史数据作为数据源。

三、日销售目标的分解

不管是门店店长还是门店的每一位员工，都要明确门店每天的销售目标是多少。日销售目标分解就能起到这样的作用，让数据更透明，标准更统一，对比更有意义，也便于更好地进行销售管理。

日销售目标的计算公式如下：

日销售目标=月销售目标×（日权重指数÷月权重指数）

知识点3
销售数据追踪

销售数据追踪是建立在数据分析基础上的，主要有以下几种形式：

一、利用对比分析法追踪

对比分析法是指对两个或两个以上的数据进行比较，分析它们的差异，从而揭示这些数据所代表的事物的发展变化规律。

对比分析法常用的维度有：

（一）与目标进行对比

与目标进行对比，即将实际完成值与目标值进行对比。每个门店都有自己的销售业绩目标，可以将目前的销售业绩与销售目标进行对比，看是否已完成任务。

（二）与不同时期进行对比

可以将门店每月的销售业绩与上年同期或上个月的完成情况进行对比。与上年同期的对比简称为同比，与上个月的完成情况对比简称为环比。

（三）与其他门店进行对比

通过与其他门店同时期的销售业绩进行对比，可以了解门店自身的销售状况在整个企业或者说和竞争对手相比处于什么样的位置。

二、利用极值追踪

销售数据中有很多极值，这些极值可以用来追踪销售情况，如门店日或者月销售额最高纪录、黄金周销售高峰值、店庆销售额最大值、历史最低销售额等。极值包括极大值和极小值，好的销售追踪手段旨在引导门店运营人员不断突破门店的各项销售业绩最高纪录，同时把门店的最低销售纪录指标不断抬高。

三、利用单位权重（销售）值追踪

单位权重（销售）值的计算公式如下：

$$\text{单位权重（销售）值} = \sum \text{日销售额} \div \sum \text{日权重指数} \quad (\text{其中，销售额和权重指数为某个销售期的对应值})$$

这个公式的意义是计算某个销售时期内（销售时期既可以是一个月、一星期、几天，也可以是一天，可以根据实际业务来确定）平均单位权重指数值的销售额，这就解决了"时间标准"有时没有对比性的问题。

例如，某连锁超市太原万达店某个星期日销售额330万元，第二天星期一销售额200万元，直接将星期日和星期一的销售额进行对比是没有意义的。如果把它们分别除以星期日的权重指数1.7、星期一的权重指数0.9，分别得到194万元和222万元，我们就非常清楚地发现星期一的相对销售实际上是好于星期日的。

把每一天的销售额分别除以当日的权重指数，就可以绘制单位权重（销售）值曲线。如果一个零售门店的每日销售额具有绝对服从周权重指数的规律，那么对应的权重值曲线将是一条绝对的水平直线，而这种情况是根本不可能出现的。正常的权重值曲线是一条围绕某个值变化的曲线，正是这种变化给我们提供了洞悉某些营运现象的可能。

（思政微课）
5-5

遵循客观求实的商业精神，严谨追踪销售数据

--------------○ 职业技能操练

工作项目

某连锁茶饮门店年度销售目标分解及追踪

项目背景

某公司是一家立足山西本地、辐射全国的新消费品牌公司，公司于2019年年底开创了新的茶饮品牌，该茶饮品牌立足山西本地茶饮市场，定位下沉市场消费升级，在短短三年时间内已经成为山西本土最具影响力的茶饮品牌。请选择该公司一家开业三年的门店，进行销售跟踪分析。

工作目标

- 和该消费品牌公司总部对接，获取其中一家门店过去三年的销售数据
- 对这家门店下一年度的目标销售额进行分解
- 对该门店的销售额进行跟踪分析

工作计划

请将该门店销售目标数据分析计划填入表5-1-1中。

表5-1-1　　　　　　　　　　　　　销售目标数据分析计划

工作要点	计划描述
获取历史数据	
销售目标分解	
销售跟踪分析	

工作实施

步骤一：获取一家门店的历史销售数据

[基础任务] 通过总部或门店的销售数据系统，查找该门店过去三年的历史销售数据，并填入表5-1-2中。

表5-1-2　　　　　　　　　　　　门店历史销售数据汇总表

月份＼年份	2020年	2021年	2022年
1月			
2月			
3月			
4月			
5月			

续表

月份＼年份	2020年	2021年	2022年
6月			
7月			
8月			
9月			
10月			
11月			
12月			
总销售额			

步骤二：按季节指数法计算

[基础任务] 按照季节指数法的计算流程，分步骤填写表5-1-3的对应数据。

表5-1-3　　　　　　　　　　季节指数法分析详表

月份	过去3年每月的平均销售额	过去3年36个月的平均销售额	每月的季节指数	每月季节指数占全年季节指数总和的百分比
1月				
2月				
3月				
4月				
5月				
6月				
7月				
8月				
9月				
10月				
11月				
12月				
总和				

步骤三：分解并追踪目标销售额

[基础任务] 通过与门店店长的沟通，确定该门店下一年度的总销售额目标，并根据表5-1-3得出的百分比，进行月度销售额目标分解，填入表5-1-4中，持续跟踪该门店的每月销售额实际完成情况。

表 5-1-4　　　　　　　　　　门店每月销售额追踪表

月份	2023年目标值	2023年实际值	完成度
1月			
2月			
3月			
4月			
5月			
6月			
7月			
8月			
9月			
10月			
11月			
12月			
总销售额			

步骤四：月度销售额对比分析

［基础任务］对每月的销售业绩进行同比和环比分析，将相关数值填入表5-1-5中。

表 5-1-5　　　　　　　　　　门店每月销售额对比分析表

月份	2023年实际销售额	同比增长率	环比增长率
1月			
2月			
3月			
4月			
5月			
6月			
7月			
8月			
9月			
10月			
11月			
12月			

步骤五：经营趋势分析

[进阶任务] 根据表5-1-5的数据绘制同比曲线图和环比曲线图，分析该门店目前的经营趋势。

步骤六：影响因素分析

[进阶任务] 分析总结该门店目前影响销售额的相关因素，并将其填写在表5-1-6中。

表5-1-6　　　　　　　　　　　销售额影响因素表

序号	影响销售额的因素	原因分析
1		
2		
3		
4		
5		
6		

步骤七：对策分析

[进阶任务] 可以从哪些方面改善门店的经营现状？

_____

_____

_____

_____

_____

---------------- ◎ 工作项目评价

评价采用多元化评价方式，评价主体由学生、小组、教师和企业构成，评价标准、分值及权重如下所示：

1.学生对自身在工作项目中的职业核心能力进行评价，将自评结果填入职业核心能力自测表中，见表5-1-7。

2.学生以小组为单位，对本工作项目的实施过程与结果进行评价，将自评结果填入小组自评表中，见表5-1-8。

3.教师就专业操作能力对小组工作过程与结果进行评价，并将评价结果填入专业能力测评表中，见表5-1-9。

4.企业对小组工作过程与结果进行评价，并将结果填入企业评价表中，见表5-1-10。

5.根据上述结果填写综合评价表，见表5-1-11。

表 5-1-7　　　　　　　　　　　职业核心能力自测表

（在□中打√，A通过，B基本通过，C未通过）

职业核心能力	评 估 标 准	自测结果
自我学习	1.能进行时间管理	□A □B □C
	2.能选择适合自己的学习和工作方式	□A □B □C
	3.能随时修订计划并进行意外事件处理	□A □B □C
	4.能将已经学到的东西用于新的工作任务	□A □B □C
信息处理	1.能根据不同需求去搜寻、获取并选择信息	□A □B □C
	2.能筛选信息并进行信息分类	□A □B □C
	3.能使用多媒体等手段来展示信息	□A □B □C
数字应用	1.能从不同信息源获取相关信息	□A □B □C
	2.能依据所给的数据信息作简单计算	□A □B □C
	3.能用适当方法展示数据信息和计算结果	□A □B □C
与人交流	1.能把握交流的主题、时机和方式	□A □B □C
	2.能理解对方谈话的内容，准确表达自己的观点	□A □B □C
	3.能获取并反馈信息	□A □B □C
与人合作	1.能挖掘合作资源，明确自己在合作中能够起到的作用	□A □B □C
	2.能同合作者进行有效沟通，理解个性差异及文化差异	□A □B □C
解决问题	1.能说明何时出现问题并指出其主要特征	□A □B □C
	2.能制订出解决问题的计划并组织实施	□A □B □C
	3.能对解决问题的方法适时作出总结和修改	□A □B □C
革新创新	1.能发现事物的不足并提出新的需求	□A □B □C
	2.能创新性地提出改进事物的意见和具体方法	□A □B □C
	3.能从多种方案中选择最佳方案并在现有条件下实施	□A □B □C
学生自我打分		

表 5-1-8　　　　　　　　　　　小组自评表

评价内容	评价标准	分值（分）	评分（分）
团队建设	团队合作紧密、互帮互助	10	
	工作态度端正、作风严谨	15	
	遵守法律、法规和工作准则	10	
工作情况	计划制订周密、组织有序	15	
	按计划高效率完成工作	20	
	工作成果完整且质量达标	30	
合　计		100	

表 5-1-9　　　　　　　　　　　专业能力测评表

（在□中打√，A 掌握，B 基本掌握，C 未掌握）

业务能力	评价指标	测评结果	备注
季节指数法的计算	1.方法掌握	□A □B □C	
	2.步骤正确	□A □B □C	
	3.计算正确	□A □B □C	
销售额追踪	1.指标理解	□A □B □C	
	2.计算正确	□A □B □C	
改进分析	1.经营趋势分析	□A □B □C	
	2.影响因素分析	□A □B □C	
	3.对策分析	□A □B □C	
其他		□A □B □C	
教师评语：			
教师打分		教师签字	

表 5-1-10　　　　　　　　　　企业评价表

关键考核指标	分值（分）	得分（分）
能准确收集门店销售额数据	40	
能帮助门店进行趋势对比分析	40	
能给门店提出改进建议	20	
合计	100	

表 5-1-11　　　　　　　　　　综合评价表

自我评价（10%）	小组自评（10%）	教师评价（50%）	企业评价（30%）	综合评价

工作活动 2
会员数据分析

------------○ 工作活动目标

掌握会员价值数据分析模型

------------○ 职业工作情境

(动画) 5-6

购物者在
产品链中的
重要性

门店会员人数众多,购买数据庞大,运用数据挖掘技术,建立一种能够有效分析会员数据并用于指导经营的模型,能够帮助零售门店诊断目前在顾客管理方面存在的问题,对顾客群进行合理的细分,帮助门店经营决策者进行营销战略的调整,有针对性地对顾客进行一对一的营销,从而提高营销活动的针对性和有效性,实现顾客关系管理的良好推进。

------------○ 职业知识储备

知识点 1
会员价值评分

会员的价值体现在持续不断地给门店带来稳定的销售利润,同时为门店运营策略的制定提供数据支持。所以门店总是想尽一切办法去吸引更多的人成为会员,并且尽可能提高他们的忠诚度。忠诚度高的顾客表现为经常光顾并购买,有较高的价格忍耐度,愿意支付更高的价格,也愿意向其他人推荐,对品牌满意度较高等。会员忠诚度高不代表会员价值就高,还得看他的实际消费金额,也就是消费力。忠诚度高、消费力强的顾客才是企业最优质的会员顾客。

(动画) 5-7

用户活跃度
案例

门店通常都会建立自己的会员体系,并且通过精准营销,用最小成本实现用户价值最大化。而精准营销最常用的一种方法就是用户分层,将会员用户分为不同的层次,然后针对不同层次的会员用户采取不同的运营策略;通过对会员用户价值的细分,进行差异化的精细运营,从而提升运营效率和用户体验。

门店一般可以按以下几个指标去评估会员的综合价值:

一、最近一次消费时间

理论上来讲,上一次购买时间距离现在越近的顾客价值越大,而他们得到营销人员眷顾的机会也应该大于那些很久没有光顾的顾客。当一位已经半年没有光临的顾客上周再次购买时,他就激活了自己的这个指标,所以最近一次消费时间是实时变化的,营销人员需要不断地刺激顾客消费。

二、（某个周期内的）消费频率

消费频率越高的顾客忠诚度越高，营销人员需要不断地采取营销手段去提高每个顾客的消费频率，这也是提高销售额非常有效的方法。一个产品没有被重复购买的企业是非常危险的，意味着他的顾客都是新的，都是一锤子买卖。不光传统零售业，重复购买率也是衡量一个电商网站的关键指标。消费频率最高的这部分顾客应该是得到企业关爱最多的群体。需要注意的是，数据库营销不能过度，要以不骚扰用户为原则。

三、（某个周期内的）消费金额

消费金额越大，顾客消费力也越强，在"二八法则"中，20%的顾客贡献了80%的销售额，而这些顾客也应该是得到营销资源最多的顾客。特别是当门店促销活动的费用、资源不足的时候，这些"高端"顾客就成为门店的首选对象。这个指标还需要和消费频率结合起来分析，有的顾客消费金额非常高，但他可能只是购买了一次高单价商品，就再也没有光顾过了。

四、（某个周期内的）最大单笔消费金额

这也是判断顾客消费力的指标，主要是看顾客的消费潜力。

五、（某个周期内的）特价商品消费占比

这个指标表示在顾客的总销售额中有多少购买的是特价商品，可以把它作为评估顾客价格敏感度的一个指标。

六、（某个周期内的）高单价商品消费占比

高单价商品的消费占比越高，顾客的价格容忍度也越高。在计算这个指标时，需要将每个品类高单价的商品标注出来，以方便计算。最简单的做法是将每个品类中高于平均零售价的商品都视为高单价商品，也可以采用高价位、中价位、低价位的方法。

如何量化这六项指标？门店可以采取标准打分制的方法来衡量会员价值。对于不同的零售业态门店，标准可能不尽相同，需要结合门店实际数据来合理评价。表5-2-1是某零售门店会员价值评分标准表，可供参考。

表 5-2-1　　　　　　　　　某零售门店会员价值评分标准

周期（6个月）	1分	2分	3分	4分	5分
最近一次消费时间R	120天以上	60～120天	30～60天	15～30天	最近15天内
消费频率F	1次以下	2～4次	5～7次	8～9次	10次以上
消费金额M	500元以下	500～1 000元	1 000～1 500元	1 500～2 000元	2 000元以上
最大单笔消费金额	100元以下	100～300元	300～600元	600～1 000元	1 000元以上
特价商品消费占比	80%以上	60%～80%	40%～60%	20%～40%	20%以下
高单价商品消费占比	20%以下	20%～40%	40%～60%	60%～80%	80%以上

根据以上评分标准，可以将会员数据以图5-2-1的方式呈现出来。

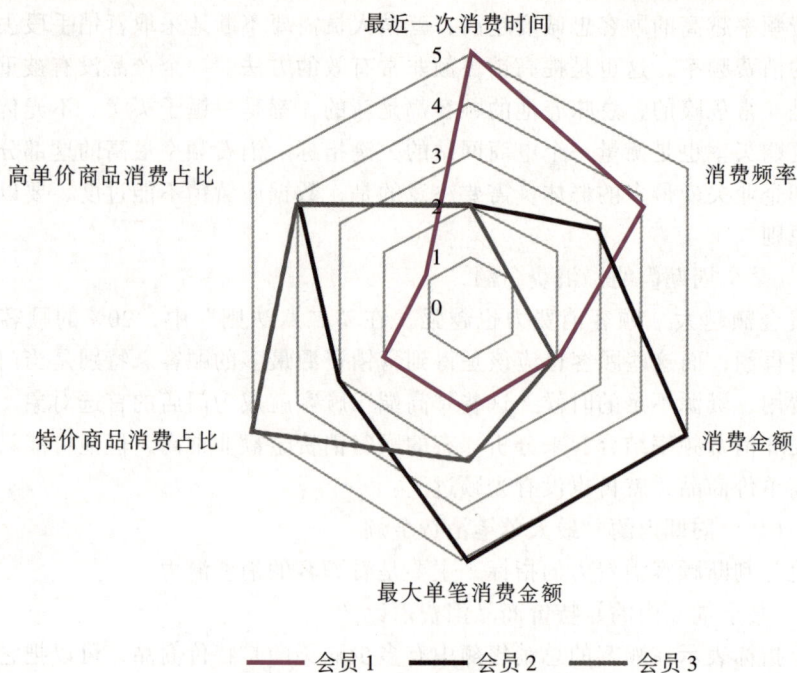

图5-2-1　会员价值雷达图分析

知识点2
RFM模型框架

（动画）5-8

RFM模型

RFM模型是衡量客户价值和客户获利能力的重要工具，通过客户的消费时间间隔（Recency）、消费频率（Frequency）以及消费金额（Monetary）三项指标来描述客户的价值状况，如图5-2-2所示。

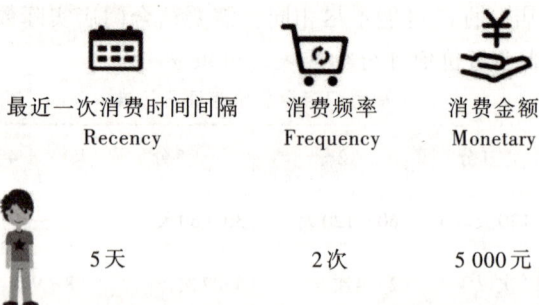

最近一次消费时间间隔 Recency	消费频率 Frequency	消费金额 Monetary
5天	2次	5 000元

图5-2-2　某位会员的RFM指标

最近一次消费时间间隔（R）：上一次消费离得越近，也就是R的值越小，用户价值越高。

消费频率（F）：购买频率越高，也就是F的值越大，用户价值越高。

消费金额（M）：消费金额越高，也就是M的值越大，用户价值越高。

把这三个指标按价值从低到高排序，并将其作为XYZ坐标轴，就可以把空间分为8部分，从而将用户分为如图5-2-3所示的8个层次。

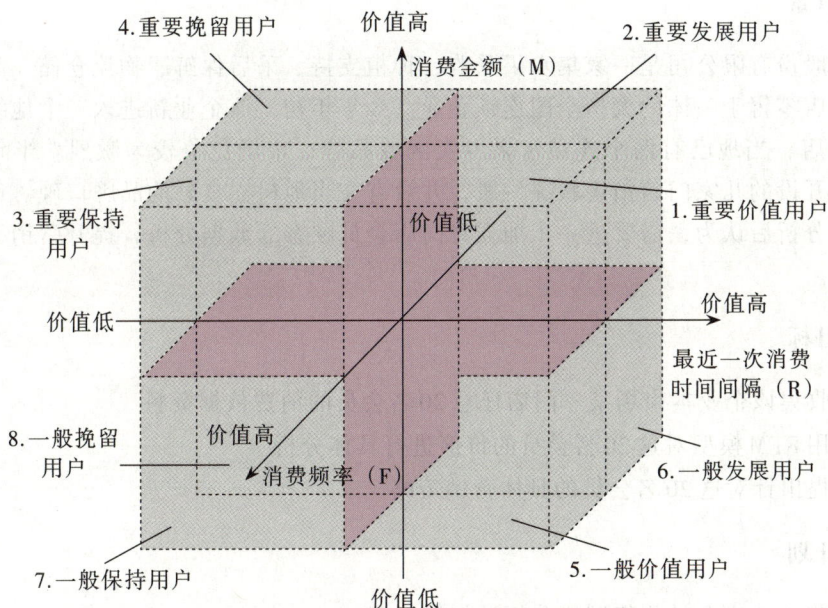

图5-2-3　RFM模型

把图5-2-3中R、F、M这3项对应的价值填到表5-2-2中，就得到了用户分类的规则，可针对不同类别的用户提供差异化的营销策略和服务。

表5-2-2　　　　　　　　　　　　会员细分类型表

R	F	M	会员细分类型	营销策略
高	高	高	重要价值会员	倾斜更多资源，VIP服务、个性化服务，附加销售
低	高	高	重要赢回会员	DM营销，提供有用的资源，通过新的商品赢回他们
高	低	高	重要深耕会员	交叉销售，提供会员忠诚度计划，推荐其他商品
低	低	高	重要挽留会员	重点联系或拜访，提高留存率
高	高	低	潜力会员	销售价值更高的商品，要求会员评论，吸引他们
高	低	低	新会员	提供免费试用服务，增强会员的兴趣，提升品牌知名度
低	高	低	一般维持会员	积分制，分享宝贵的资源，以折扣推荐热门商品，与会员重新联系
低	低	低	低价值会员	激发会员的兴趣，否则暂时放弃

- - - - - - - - - - - - - - ◯ 职业技能操练

| 工作项目

零售门店会员价值数据分析

项目背景

　　某股份有限公司是一家集水果采购、种植支持、采后保鲜、物流仓储、品牌运营、门店零售于一体的大型全国连锁企业。今年年初，该企业新进入一个地级市场开设门店，当地已有两个连锁水果专卖区域品牌，市场竞争较为激烈。半年过去了，新开设的几家门店销售状况一般，并没有在当地树立良好的品牌口碑。运营团队讨论分析后认为，需要进一步加强对门店会员顾客的数据分析，提升营销手段的精准度。

工作目标

- 收集该企业本市场某一门店任意20名会员的消费数据资料
- 用RFM模型对这20名会员的价值进行具体分析
- 提出针对这20名会员的具体营销策略

工作计划

（思政微课）
5-9

遵循顾客
至上的商业
精神，充分
满足顾客
需求

　　请将该门店会员价值调研分析计划填入表5-2-3中。

表5-2-3　　　　　　　　　　　会员价值调研分析计划

工作要点	计划描述
收集会员数据	
RFM分析	
提出营销策略	

工作实施

　　步骤一：收集会员消费数据

　　[基础任务]选择一家门店，随机收集该门店20名会员的消费数据并进行分类汇总，统计每个会员的最近一次消费日期、消费频次和消费金额。在Excel表中建立表5-2-4。

表5-2-4　　　　　　　　　　　会员消费基本数据表

会员号	最近一次消费日期	消费频次	消费金额

续表

会员号	最近一次消费日期	消费频次	消费金额

步骤二：计算消费时间间隔

［基础任务］在Excel表格中插入一列，根据每位会员的最近一次消费日期，以当前系统日期为基础，计算消费时间间隔（天、周、月等），形成表5-2-5。

表5-2-5　　　　　　　　　会员消费基本数据转化表

会员号	最近一次消费日期	最近一次消费时间间隔R	消费频次F	消费金额M

步骤三：会员RFM各维度评价

[基础任务] 将每位会员的各维度数据与对应的平均值进行比较。其中，R值如果低于平均值，则评价为"高"；如果大于或等于平均值，则评价为"低"。另外两个维度的数据如果大于或等于平均值，则评价为"高"；低于平均值，则评价为"低"。形成表5-2-6。

表5-2-6　　　　　　　　　　　　会员消费数据评价表

会员号	最近一次消费时间间隔R	消费频次F	消费金额M	R评价	F评价	M评价
均值						

步骤四：判断会员类型

[基础任务] 参照表5-2-2会员类型的细分，继续在Excel表中利用IF函数来判断会员的类型，形成表5-2-7。在此基础上还可以进一步对会员类型进行分类汇总，或查看整体会员类型的结构占比等。

表5-2-7 会员类型细分表

会员号	最近一次消费 时间间隔R	消费频次F	消费金额M	R评价	F评价	M评价	会员细分 类型

步骤五：会员分类管理

[进阶任务] 根据不同类别的会员特征，结合门店运营现状，给出有针对性的营销策略和服务建议。

重要价值会员：_____

_____

_____

重要赢回会员：_____

_____

_____

重要深耕会员：_____

_____

_____

重要挽留会员：_____

_____

_____

潜力会员：_____

_____

_____

新会员：_____

_____

_____

一般维持会员：_____

_____

_____

低价值会员：_____

_____

_____

---------------○ 工作项目评价

　　评价采用多元化评价方式，评价主体由学生、小组、教师和企业构成，评价标准、分值及权重如下所示：

　　1.学生对自身在工作项目中的职业核心能力进行评价，将自评结果填入职业核心能力自测表中，见表5-2-8。

表5-2-8 职业核心能力自测表

（在□中打√，A通过，B基本通过，C未通过）

职业核心能力	评估标准	自测结果
自我学习	1.能进行时间管理	□A □B □C
	2.能选择适合自己的学习和工作方式	□A □B □C
	3.能随时修订计划并进行意外事件处理	□A □B □C
	4.能将已经学到的东西用于新的工作任务	□A □B □C
信息处理	1.能根据不同需求去搜寻、获取并选择信息	□A □B □C
	2.能筛选信息并进行信息分类	□A □B □C
	3.能使用多媒体等手段来展示信息	□A □B □C
数字应用	1.能从不同信息源获取相关信息	□A □B □C
	2.能依据所给的数据信息作简单计算	□A □B □C
	3.能用适当方法展示数据信息和计算结果	□A □B □C
与人交流	1.能把握交流的主题、时机和方式	□A □B □C
	2.能理解对方谈话的内容，准确表达自己的观点	□A □B □C
	3.能获取并反馈信息	□A □B □C
与人合作	1.能挖掘合作资源，明确自己在合作中能够起到的作用	□A □B □C
	2.能同合作者进行有效沟通，理解个性差异及文化差异	□A □B □C
解决问题	1.能说明何时出现问题并指出其主要特征	□A □B □C
	2.能制订出解决问题的计划并组织实施	□A □B □C
	3.能对解决问题的方法适时作出总结和修改	□A □B □C
革新创新	1.能发现事物的不足并提出新的需求	□A □B □C
	2.能创新性地提出改进事物的意见和具体方法	□A □B □C
	3.能从多种方案中选择最佳方案并在现有条件下实施	□A □B □C
学生自我打分		

2.学生以小组为单位，对本工作项目的实施过程与结果进行自评，将自评结果填入小组自评表中，见表5-2-9。

表5-2-9 小组自评表

评价内容	评价标准	分值（分）	评分（分）
团队建设	团队合作紧密、互帮互助	10	
	工作态度端正、作风严谨	15	
	遵守法律、法规和工作准则	10	
工作情况	计划制订周密、组织有序	15	
	按计划高效率完成工作	20	
	工作成果完整且质量达标	30	
合 计		100	

3.教师就专业操作能力对小组工作过程与结果进行评价，并将评价结果填入专业能力测评表中，见表5-2-10。

表5-2-10　　　　　　　　　　专业能力测评表

（在□中打√，A掌握，B基本掌握，C未掌握）

业务能力	评价指标	测评结果	备注
RFM模型的基本指标分析	1.方法掌握	□A □B □C	
	2.步骤正确	□A □B □C	
	3.计算正确	□A □B □C	
Excel工具运用	1.基本操作	□A □B □C	
	2.公式运用	□A □B □C	
门店会员管理的改进建议	1.会员分类	□A □B □C	
	2.改进建议	□A □B □C	
其他		□A □B □C	
教师评语：			
教师打分		教师签字	

4.企业对小组工作过程与结果进行评价，并将结果填入企业评价表中，见表5-2-11。

表5-2-11　　　　　　　　　　企业评价表

关键考核指标	分值（分）	得分（分）
能掌握RFM模型的基本指标分析方法	40	
能用Excel快速完成相关数据分析	40	
能提出门店会员管理的改进建议	20	
合　计	100	

5.根据上述结果填写综合评价表，见表5-2-12。

表5-2-12　　　　　　　　　　综合评价表

自我评价（10%）	小组自评（10%）	教师评价（50%）	企业评价（30%）	综合评价

工作活动 3
运营数据分析

·········· ○ **工作活动目标**

掌握门店运营的数据分析指标

·········· ○ **职业工作情境**

门店日常经营指标如日均销售额、毛利率、人效、平效、客单价、连带率等，必须进行系统化分析。只有关注涵盖商品、员工、顾客、资金等多方面的核心数据，将门店打造成数据化门店，强化数据的应用，彻底摆脱经验主义，顺应精细化管理的时代要求，门店才能保持持续竞争优势。

·········· ○ **职业知识储备**

知识点 1
销售指标分析

一、营业额

（一）反映门店的经营趋势

针对以往的销售数据，结合本地区行业发展状况，通过每天对营业额的定期跟进，每周总结比较，来调整促销及推广方案。

（二）为门店及员工设立销售目标

根据营业额数据，设立门店经营目标及员工销售目标，将营业额目标细分到每月、每周、每日、每时段、每班次、每人，让员工的目标更加清晰。

门店应设立相应的奖励机制，激励员工冲击更高的销售额；每天监控营业额指标完成情况，如目标任务未能完成，应立即推出预备方案；如月中的目标进程不理想，应及时调整人员、货品、促销方案。

二、分类货品销售额

分类货品销售额，即门店中各个品类货品的销售额。通过对分类货品销售额指标的分析，可以了解以下情况：

第一，各分类货品销售情况及所占比例是否合理，为门店的订货、组货及促销提供参考依据，从而作出更完善的货品调整，使货品组合更符合门店的实际销售情况。

第二，了解该门店的顾客消费需求，及时采取补货、调货等措施，并有针对性地调整陈列，从而优化库存，以实现门店利润最大化。对于销售额低的品类，则应考虑在店内加强促销，消化库存。

第三，了解该门店分类货品销售与地区的正常销售比例，掌握该本店的销售特性，对慢流品类应考虑多加展示，同时加强导购对慢流品类的重点推介，提升其搭配销售能力。

三、前十大畅销款

第一，定期统计分析前十大畅销款（每周/月/季），了解畅销的原因及库存状况。

第二，根据销售速度及周期对前十大畅销款设立库存安全线，适当采取补货或寻找替代品措施。

第三，利用畅销款搭配平销款或滞销款销售，带动门店货品整体流动。

四、前十大滞销款

第一，定期统计分析前十大滞销款（每周/月/季），了解滞销的原因及库存状况。

第二，寻找滞销款的卖点，并加强对导购的培训，提升导购对滞销品的销售技巧。

第三，调整滞销品的陈列方式及陈列位置，避免陈列在门店的角落，并配合导购进行重点推介。

第四，制定滞销品的销售激励政策（有选择性地实施），如卖出一件滞销款，给予一定的奖励。

第五，针对滞销品做好调货/退货或者是促销的准备。

五、客单价

客单价=销售总金额÷顾客总数（或销售总单数）

客单价的高低反映了门店顾客的消费承受力，多订购顾客消费承受力范围内的产品，有助于提升营业额。比较门店中的货品与顾客的承受力是否相符，将高于平均单价的产品在卖场做特殊陈列，用低于平均单价的产品吸引实际型顾客；顾客类型丰富了，自然就会提升销售额。门店应增加以平均单价为主的产品的数量和类别，将平均单价作为订货的参考价格。加强中高价位产品的销售，是提升客单价的重要方法，店长应培训员工加强对中高价位产品的销售及有技巧地回应顾客价位高的异议。

六、连带率

连带率=销售总数量÷销售小票数量

连带率是了解门店人员货品搭配、销售能力的重要依据。当连带率低时，应加大员工的附加推销力度，并为员工提供附加推销培训，提升其连带销售能力；或调整关联产品的陈列位置，如把可搭配的产品陈列在相近的位置，在销售时能起到便利搭配的作用，即加强关联销售；或检查门店所采取的促销策略，调整促销方式，鼓励顾客多买。

七、VIP占比

VIP占比=VIP消费额÷营业额

此指标反映的是门店 VIP 的消费情况，从侧面表明门店市场占有率和顾客忠诚度，考量门店的综合服务能力和市场开发能力。

一般情况下，VIP 占比在 45% ~ 55% 比较好，这时公司的利益是最大化的，市场拓展与顾客忠诚度都相对正常，且业绩相对稳定；若是低于这个数值区间，就表示有顾客流失，或者是市场认可度差，门店的服务能力不佳；若是 VIP 占比高于这个数值区间，则表示开发新客户的能力太弱；若是先高后低，就表示顾客流失严重。

知识点 2
运营指标分析

一、平效

门店月平效=月销售额÷营业面积÷天数

此指标反映门店面积的生产力，可深入了解门店销售的真实情况。对平效进行分析可以为订货提供参考，定期监控并确认店内库存是否足够。这也意味着增加有效营业面积可增加营业额。平效低的原因通常有：员工销售技能低、陈列不当、品类缺乏、搭配不当等。如平效较低，可以思考一下：是否大部分橱窗及模特身上陈列了低价位产品？导购是否一致倾向于卖便宜类产品？黄金陈列位置的货品销售是否不佳？店长是否明确了每周的主推货品并对员工进行了主推货品的卖点培训？

二、人效

门店月人效=月销售额÷门店员工人数÷天数

此指标反映了门店人员的整体销售素质及人员配置数量是否合理等。人效过低，需检查员工的产品知识及销售技巧是否存在不足；或排班是否合理，排班应保证每个班组都有销售能力强的导购，从而提高人效。根据员工最擅长推销的产品安排其对应的销售区域，能有效提升人效。

三、销售折扣

销售折扣=商品销售金额÷商品标准零售价

销售折扣反映门店商品的折让情况，直接影响门店的毛利额，是利润中很重要的指标。门店的营业额很高，并不代表着利润高，应参考销售折扣的高低。若销售折扣比较低，说明门店在做促销，门店的毛利率是很低的。所以说，一家门店毛利的高低和营业额及销售折扣的高低有关。

四、动销率

动销率=门店有销售的商品的品种数÷门店经营商品品种数

动销率也称为动销比，是门店有销售的商品的品种数与门店经营商品总品种数的比率，是一定时间内考察库存积压情况或各类商品销售情况的一个重要指标。它反映了进货品种的有效性。动销率越高，有效的进货品种越多；反之，无效的进货品种相对越多。

例如：已知门店销售商品品种数总计为 2 900 种，2022 年 6 月有销售的商品品种数为 2 850 种，则该门店的动销率为 98.28%（2 850÷2 900）。

五、售罄率

售罄率=某时间段内的销售数量÷（期初库存数量+期中进货数量）×100%

售罄率是一定时间段内某种货品的销售数量占总进货量的比例。根据期间范围的不同，售罄率可分为周售罄率、月售罄率、季度售罄率、季末售罄率。

季末售罄率是整个商品消化期内的销售数量和商品总进货数量的比值。

（动画）5-12

降低缺货率
的重要性

六、缺货率

缺货率=某个时期内门店有缺货记录的商品数÷（期初有库存的商品数+期中新进商品数）×100%

缺货率是指缺货发生的比率，不是指缺货的数量或金额多少，缺货数量或缺货金额很难量化。

七、退货率

退货率=退货商品数÷商品销售数

用户购买商品后，可能会因为质量或者其他问题而退货。用户退货率过高，不但会增加实体店的经营成本，也会给管理带来很多的麻烦，所以退货率是日常管理过程中的重点关注对象，并且要及时分析用户退货的实际原因。

关于退货率，需要注意以下三点：

（1）是计算整个门店的退货率还是具体某款产品的退货率？

（2）计算的窗口期是多长，是按自然月还是近30天计算？

（3）退货的窗口期是多长，纳入计算范围的是7天内的退货还是只要退货都算？

不同门店有不同的计算方式，所以在分析之前一定要和业务员沟通清楚，或者弄明白分析的目的是什么，不然可能会做很多无用的分析。比如，需要关注整个门店的经营状况，那么一般会分析整个门店的销售情况及退货情况；如果需要关注具体某一款产品的质量情况，则需要分析这款产品的相关销售情况和退货情况。

知识点3
财务指标分析

一、费率比

费率比=投入的费用÷产生的销售额

举个例子，某实体店在2022年"国庆大促"活动期间总共投入营销费用10万元，活动期间实现销售额800万元，那么该场活动的费率比为0.0125（10÷800）。

费率比主要用来衡量门店营销活动的效果，即帮助衡量活动的成本投入与收益是不是成正比。如果计算得到的结果小于1，表示此次活动产生了收益；如果计算得到的结果等于1，表示这次活动没有任何收益，甚至还浪费了一些人力成本等；如果计算得到的结果大于1，表示此次活动连营销的成本都没有收回来。

二、毛利率

毛利率=毛利润÷销售额

该指标反映的是商品的盈利能力。毛利率其实是公司净利率的起点，一般来说，毛利率比较大的公司，净利率通常也不会很低。没有足够高的毛利率，就不可能产生较大的盈利，这与"钱不是省出来的，是赚出来的"是一样的道理。比如，甲和乙的目标都是要存钱，甲的月收入为 15 000 元，而乙的月收入为 3 000 元，那么乙就算不吃不喝，一个月最多也只能存 3 000 元；而甲就算有一些比较高的生活成本，如房租、生活费等，刨除这些成本之后，剩下来的钱也可能比乙要多一些。

对企业而言也是一样的道理，就算企业"节衣缩食"把成本压缩到极低，但收入却无增长，企业的利润增长还是不能持续。况且研发支出、销售费用是可以提高未来收入的支出，研发投入可以给企业带来新的产品，销售费用可以提高企业的品牌影响力，这都是企业该花的钱。

通常来说，毛利率随行业的不同而高低各异，但同一行业的毛利率通常相差不大。与同行业相比，如果企业的毛利率显著高于同行，说明公司产品附加值高，产品定价高，或与同行相比有成本上的优势，有竞争力。

三、净利率

净利率=净利润÷销售额

净利率是净利润占总销售额的比例，通常衡量的是企业一段时期内赚取利润的能力。

净利润与毛利润有什么区别呢？假如一件衣服的进货价格是 100 元，销售价格为 500 元，商品成本只有进货成本，未产生额外的营销、人员、物流成本，那么这件衣服的毛利率为 80%（（500-100）÷500）。但是，如果这件衣服在销售的过程中分摊了其他销售费用，如税收、管理费、人员工资、房租费、水电费等，共计 200 元，那么这件衣服的净利率为 40%（（500-300）÷500）。这也就意味着在其他成本固定不变的情况下，每卖出去 100 元，企业净赚 40 元

（思政微课）
5-13

遵循诚信经营的商业精神，合理获取门店利润

⬤ 职业技能操练

｜工作项目

根据门店的销售数据进行门店运营周报表分析

｜项目背景

服装专卖店的周报表主要用于每周一次的营销会议，由店长提前准备数据并进行分析，在会议上主要阐述门店的销售情况和货品状况，论据以数据为主。店长需要明确门店在经营中要关注的指标，从而有效地分析服装销售的关键数据，如货品类别销售结构、货品畅/滞分析，货品色比/码比分析、竞争品牌货品分析等。

｜工作目标

⬤ 从门店销售系统中提取本店相关商品的销售信息
⬤ 对这些信息进行对应维度的数据分析

● 根据数据分析结果对门店的运营策略进行调整

工作计划

将门店销售数据报表分析计划填入表 5-3-1 中。

表 5-3-1　　　　　　　　　门店销售数据报表分析计划

工作要点	计划描述
获取商品数据	
对应维度数据分析	
运营改进建议	

工作实施

步骤一：完成货品类别销售结构分析

［基础任务］从收银系统中提取相关数据，填入表 5-3-2 中。

表 5-3-2　　　　　　　　　货品类别销售结构表

类别	销售数量	占比%	库存数量	占比%	销售金额	占比%	库存金额	占比%
合计								

［进阶任务］找出数据分析中商品结构存在的问题，并给出运营改进建议，及时调配货品来修正与弥补。

存在的问题：_____

_____

_____

_____

调整建议：_____

_____

_____

_____

步骤二：进行货品畅/滞销分析

［基础任务］查找货品销售数据和库存数据，填写表 5-3-3。

表 5-3-3　　　　　　　　　　货品畅/滞销分析表

序号	畅销排名				滞销排名			
	款号	销售量	占比%	库存量	款号	销售量	占比%	库存量
1								
2								
3								
4								
5								
合计								

　　[进阶任务] 帮助门店管理者分析畅销产品的畅销程度、需求量，并根据门店的库存决定补货、调配货品或改变销售主推款。

　　畅销品为什么卖得好？是款式、风格、色彩、面料、版型、搭配还是价格因素？

_____
_____
_____

　　滞销品为什么卖得不好？是款式、风格、色彩、面料、版型、搭配还是价格因素？

_____
_____
_____

　　以后如何提高订货的准确性？

_____
_____
_____

　　步骤三：货品色比/码比分析
　　[基础任务] 及时监控门店服装销售中的色彩和码型状况，填写表5-3-4。

表 5-3-4　　　　　　　　　　货品色比/码比分析表

序号	畅销色			畅销码		
	色号	销售量	占比%	码型	销售量	占比%
1						
2						
3						
4						
5						
合计						

［进阶任务］帮助门店管理者分析畅销色和畅销码的畅销程度、需求量，以便及时补充货品，尽量避免缺码、少色的情况。

门店目标消费群对服装色彩接受倾向的分析：＿＿＿＿＿＿＿＿＿＿＿＿＿

＿＿＿＿＿＿＿＿＿＿＿＿＿＿＿＿＿＿＿＿＿＿＿＿＿＿＿＿＿＿＿＿＿＿＿

＿＿＿＿＿＿＿＿＿＿＿＿＿＿＿＿＿＿＿＿＿＿＿＿＿＿＿＿＿＿＿＿＿＿＿

门店目标消费群对服装码数接受倾向的分析：＿＿＿＿＿＿＿＿＿＿＿＿＿

＿＿＿＿＿＿＿＿＿＿＿＿＿＿＿＿＿＿＿＿＿＿＿＿＿＿＿＿＿＿＿＿＿＿＿

＿＿＿＿＿＿＿＿＿＿＿＿＿＿＿＿＿＿＿＿＿＿＿＿＿＿＿＿＿＿＿＿＿＿＿

步骤四：竞争品牌货品分析

［基础任务］对竞争对手的销售情况进行调研，将相关数据填入表5-3-5中。

表5-3-5　　　　　　　　　　竞争品牌货品分析表

品牌名称	主销款号	货品种类	零售价	面料成分	颜色	款式特点	本周销售数量	上柜时间

［进阶任务］将竞争对手的相关状况与门店自身品牌的相关状况进行对比分析，推动自身门店商品结构和主推款式或促销方式的转变。

竞争对策：＿＿＿＿＿＿＿＿＿＿＿＿＿＿＿＿＿＿＿＿＿＿＿＿＿＿＿＿＿

＿＿＿＿＿＿＿＿＿＿＿＿＿＿＿＿＿＿＿＿＿＿＿＿＿＿＿＿＿＿＿＿＿＿＿

＿＿＿＿＿＿＿＿＿＿＿＿＿＿＿＿＿＿＿＿＿＿＿＿＿＿＿＿＿＿＿＿＿＿＿

○ 工作项目评价

评价采用多元化评价方式，评价主体由学生、小组、教师和企业构成，评价标准、分值及权重如下所示：

1.学生对自身在工作项目中的职业核心能力进行评价，将自评结果填入职业核心能力自测表中，见表5-3-6。

表5-3-6　　　　　　　　　　　职业核心能力自测表

（在□中打√，A通过，B基本通过，C未通过）

职业核心能力	评　估　标　准	自测结果
自我学习	1.能进行时间管理	□A □B □C
	2.能选择适合自己的学习和工作方式	□A □B □C
	3.能随时修订计划并进行意外事件处理	□A □B □C
	4.能将已经学到的东西用于新的工作任务	□A □B □C
信息处理	1.能根据不同需求去搜寻、获取并选择信息	□A □B □C
	2.能筛选信息并进行信息分类	□A □B □C
	3.能使用多媒体等手段来展示信息	□A □B □C
数字应用	1.能从不同信息源获取相关信息	□A □B □C
	2.能依据所给的数据信息作简单计算	□A □B □C
	3.能用适当方法展示数据信息和计算结果	□A □B □C
与人交流	1.能把握交流的主题、时机和方式	□A □B □C
	2.能理解对方谈话的内容，准确表达自己的观点	□A □B □C
	3.能获取并反馈信息	□A □B □C
与人合作	1.能挖掘合作资源，明确自己在合作中能够起到的作用	□A □B □C
	2.能同合作者进行有效沟通，理解个性差异及文化差异	□A □B □C
解决问题	1.能说明何时出现问题并指出其主要特征	□A □B □C
	2.能制订出解决问题的计划并组织实施	□A □B □C
	3.能对解决问题的方法适时作出总结和修改	□A □B □C
革新创新	1.能发现事物的不足并提出新的需求	□A □B □C
	2.能创新性地提出改进事物的意见和具体方法	□A □B □C
	3.能从多种方案中选择最佳方案并在现有条件下实施	□A □B □C
学生自我打分		

2.学生以小组为单位，对本工作项目的实施过程与结果进行自评，将自评结果填入小组自评表中，见表5-3-7。

表5-3-7　　　　　　　　　　　小组自评表

评价内容	评价标准	分值（分）	评分（分）
团队建设	团队合作紧密、互帮互助	10	
	工作态度端正、作风严谨	15	
	遵守法律、法规和工作准则	10	
工作情况	计划制订周密、组织有序	15	
	按计划高效率完成工作	20	
	工作成果完整且质量达标	30	
合　计		100	

3.教师就专业操作能力对小组工作过程与结果进行评价，并将评价结果填入专业能力测评表中，见表5-3-8。

表5-3-8　　　　　　　　　　　　专业能力测评表

（在□中打√，A掌握，B基本掌握，C未掌握）

业务能力	评价指标	测评结果	备注
门店运营指标掌握	1.指标理解 2.选取合适的指标 3.维度全面	□A □B □C □A □B □C □A □B □C	
数据计算	1.数据采集准确 2.数据计算准确	□A □B □C □A □B □C	
门店运营状况思考	1.挖掘问题 2.改进建议	□A □B □C □A □B □C	
其他		□A □B □C	
教师评语：			
教师打分		教师签字	

4.企业对小组工作过程与结果进行评价，并将结果填入企业评价表中，见表5-3-9。

表5-3-9　　　　　　　　　　　　企业评价表

关键考核指标	分值（分）	得分（分）
能准确收集门店销售数据	40	
能帮助门店进行多维度分析	40	
能给门店提出改进建议	20	
合计	100	

5.根据上述结果填写综合评价表，见表5-3-10。

表5-3-10　　　　　　　　　　　综合评价表

自我评价（10%）	小组自评（10%）	教师评价（50%）	企业评价（30%）	综合评价

职业素养指南

新职业——连锁经营管理师

一、产生背景

近年来，无论经济形势如何变化，我国零售业始终保持着较好的增长态势，

2020年我国社会消费品零售总额高达39.2万亿元，最终消费占GDP的比重达到54.3%，实物商品网上零售额同比增长14.8%，连续8年成为全球第一大网络零售市场。网络零售和电子商务的强劲发展驱动着创新商业模式的诞生，零售业正不断焕发新的活力。然而，零售业发展的历史也表明，对连锁行业而言，新技术的出现既是挑战也是机遇。随着云计算、人工智能、大数据、物联网、5G网络、生物识别等技术日趋成熟，数字化驱动的产业革命重构着各行各业的生态，连锁行业也正站在变革转型的十字路口。从技术带来的发展机遇角度看，云计算的扩容能力使企业全流程数字化和全渠道触点的构建成为可能，人工智能帮助企业利用最优算法实现精准营销。从外部的挑战来看，颠覆的力量源于行业之外，竞争对手也可能是跨界的玩家，互联网科技公司依据其先天的技术优势布局零售行业，正不断挑战着传统连锁企业的市场地位。面对更加复杂多变的市场环境和行业内外的竞争力量，人才的更新也必须与时俱进。因此，新职业连锁经营管理师应运而生，其势必成为助力零售业在新技术背景下生存、发展、变革的中坚力量，推动中国连锁经营业迈上新的台阶。

二、职业定义和主要工作任务

职业定义：运用连锁经营管理工具及相关技术开展业态定位、品类管理、营销企划、顾客服务、视觉营销等工作，负责门店运营业务管理的人员。

主要工作任务：

1.设计连锁体系，厘清总部与门店的权责，规划门店运营模式；

2.分析门店经营数据，制定经营目标与计划并组织实施；

3.调研商圈特征，拓展新门店，进行业态定位与品类结构调整；

4.负责商品的进货、销售和储存，策划门店促销活动并组织实施；

5.设计门店动线，负责布局规划与商品陈列的落实；

6.设计门店服务体系，培训、激励一线营业人员，做好顾客服务工作；

7.负责维护门店外围关系，处理与门店相关的其他事务；

8.管控门店日常运作，对门店业绩进行评估与优化；

9.负责商品安全管理工作，组织开展门店及商品安全自查。

资料来源：山西省人力资源研究会公众号.

素养讨论：连锁经营业是一个发展非常迅速的行业，尤其是近年来数字化赋能、5G、区块链等新技术的介入推动了行业的进步，基本上每隔一段时间就会有新兴事物出现。这就要求连锁经营管理师与时俱进，不能抱着之前的成果和技能停滞不前，要了解宏观的行业发展趋势，分析该如何做好自身职业定位和塑造所属的职业画像。请大家思考，现阶段连锁经营管理师自身需要加强的能力有哪些？

门店园地　　　　**全民硬核复产，中国制"罩"为世界作出贡献**

打赢新冠肺炎疫情防控阻击战，重点在"防"。打开百度搜索键入"口罩"二字，显示结果多达9 230万条。世卫组织已经宣布新冠肺炎疫情为"大流行"，小小口罩吸引着全世界几十亿人的目光。

小小口罩的背后是环环相扣的生产链条和系统完整的工业体系，涉及当今世界最完整的产业链、供应链。普通医用口罩由纺粘无纺布层、熔喷无纺布层、耳带线、鼻梁条等部件组装而成，根据不同种类还需添加过滤棉层和活性炭层。看似普通的构件，却涉及化工、纺织、机械、冶金、电子等基础工业门类和原材料、设备、厂房、资金、人力、准入许可、生产周期七大要素，而只有中国才拥有最完整的口罩产业链、供应链和生产要素。

截至2020年2月29日，中国口罩产量创下新高：全国口罩日产能达到1.1亿只，日产量达到1.16亿只，有效满足了防控需求。

"双亿"目标实现的背后，是全国上下齐心协力的"硬核复产"。国家还通过建立临时收储制度，明确重点医疗防护物资政府兜底采购收储；对疫情防控重点保障企业实行名单制管理，给予税收、金融支持；建立重点企业生产临时调度制度，派出驻企特派员全力扩大生产；市场监管部门"特事特办"，采取加快审批流程等一系列措施，为企业创造生产条件。

在2020年3月12日商务部举行的新闻发布会上，商务部外贸司司长李兴乾指出，中国将对有关国家特别是疫情较重国家和地区给予力所能及的帮助。中国政府将继续支持出口企业组织口罩等医疗物资对外供应，为全球防疫作出应有贡献。

资料来源：高文新，李钦振. 全民硬核复产，中国制"罩"为世界作出贡献［EB/OL］.［2020-03-16］. https://baijiahao.baidu.com/s?id=1661308429909048592&wfr=spider&for=pc，有删减.

思政评析：口罩背后体现了世界上最完整的产业链、供应链。"双亿"目标的实现，是以中国完善的工业体系、完备的上下游产业配套能力为支撑的。中国拥有全球规模最大、门类最全、配套最完备的制造业体系。据了解，目前我国拥有41个工业大类、207个工业中类、666个工业小类，是全世界唯一拥有联合国产业分类中所列全部工业门类的国家。零售企业的每一个门店都是供应链上的重要一环，门店是最接近顾客的，通过数据分析满足顾客的需求，提升门店运营效率，是门店的基本职责所在，也是每一个门店对我国商业经济增长的贡献所在。

本情境预期学习成果

学习成果名称：门店数据分析活动认知。

学习成果目的：通过模拟实训演练与操作，初步了解门店数据分析工作流程和重点。

学习成果内容：

1.深入调研自己所熟悉的连锁企业门店，了解他们是如何进行门店数据分析的，主要分析指标有哪些，如何结合指标数据进行门店运营改善。

2.走访校企合作企业门店，和门店经营者一起进入专用软件后台，调取相关数据，并进行门店运营改进分析。

学习成果思考:

你想在当地创业开一家零售门店,具体情境自设。请结合从以上3个工作项目中学到的知识和技能,思考如何进行你所经营门店的销售数据追踪、会员数据分析、运营数据分析。

学习成果组织:学生分小组进行调查研究、分析,并形成文案或报告。

学习成果总结:学生分小组交流文案或报告,教师根据文案或报告、PPT演示、讨论分享中的表现分别给每组打分。

(视频)5-14

门店数据
分析综合
实训案例

主要参考文献

［1］居长志，李加明，王方. 门店数字化运营与管理教程（中级）［M］. 北京：中国人民大学出版社，2021：12-22.

［2］陆影，高皖秋. 连锁门店营运与管理实务［M］. 5版. 大连：东北财经大学出版社，2021：22-28.

［3］蒋小龙. 连锁企业门店营运与管理［M］. 北京：化学工业出版社，2016：7-17.

［4］郑昕. 连锁门店运营管理［M］. 2版. 北京：机械工业出版社，2015：184-197.

［5］方芳. 企业组织结构设计——以需求为导向的组织结构模型［J］. 数码印刷，2012（1）：46-49.

［6］路勤凤. 以岗位设计激活企业人力资源潜能［J］. 中国管理信息化，2018（8）：79-80.

［7］郑彦. 连锁门店人员配置问题研究［J］. 市场论坛，2012（2）：54-55.

［8］党艳梅. 企业门店服务人员培训体系［J］. 销售与管理，2020（2）：24-27.

［9］李志波，党养性. 连锁企业门店营运与管理［M］. 北京：清华大学出版社，北京交通大学出版社，2010.

［10］范征，喻文丹，喻合. 连锁企业门店营运管理［M］. 北京：电子工业出版社，2017.

［11］傅晖. 防损员岗位实训［M］. 北京：高等教育出版社，2012.

［12］颜莉霞. 连锁门店店长实训［M］. 北京：中国人民大学出版社，2012.